WELTRELIGIONEN FÜR DEN FRIEDEN

Die Internationalen Friedenstreffen von Sant' Egidio

Klaus Reder
Elisabeth Dirk
Gemeinschaft St. Ägidius
97070 Würzburg
Schönthalstr. 6
0931/ 322940

FUNDAMENTE EUROPAS

Band 2

WELTRELIGIONEN FÜR DEN FRIEDEN

Die Internationalen Friedenstreffen von Sant' Egidio

Herausgegeben von Albert Franz

Paulinus

Die Deutsche Bibliothek – CIP-Einheitsaufnahme

Weltreligionen für den Frieden : die internationalen Friedenstreffen von Sant' Egidio / hrsg. von Albert Franz. – 1. Aufl. – Trier : Paulinus, 1996

(Fundamente Europas ; Bd. 2)
Einheitssacht.: La pace è possibile <dt.>
ISBN 3-7902-0095-6

NE: Franz, Albert [Hrsg.]; Comunità di Sant' Egidio; EST; GT

1. Auflage 1996
Gesamtherstellung: Paulinus-Druckerei GmbH, Trier
ISBN 3-7902-0095-6

Inhalt

III. Stimmen aus der Politik

IV. Der Krieg auf dem Balkan

ZUM GELEIT

Edward Kardinal Cassidy,
Präsident des Päpstlichen Rates
für die Einheit der Christen

In den vergangenen vier Jahren durfte ich bei den jährlichen Begegnungen von *Uomini e Religioni* jeweils die Sonderbotschaft überbringen, die *Papst Johannes Paul II.* an diese Versammlungen richten wollte. In dieser offiziellen Rolle, als der spezielle Gesandte des Papstes, habe ich an den Versammlungen teilgenommen. Ich schätze mich daher glücklich, jetzt ein Geleitwort für die vorliegende Veröffentlichung schreiben zu dürfen, werden hier doch einige sehr wesentliche Beiträge von bedeutenden Rednern festgehalten und einem breiteren Publikum zugänglich gemacht, die bei diesen internationalen, von der *Gemeinschaft Sant' Egidio* durchgeführten Friedenstreffen das Wort ergriffen haben.
Diese jährlichen Treffen sind seit zehn Jahren gewissermaßen die Fortsetzung jenes einzigartigen Treffens führender Repräsentanten der Weltreligionen, zu dem *Papst Johannes Paul II.* im Oktober 1986 nach *Assisi* eingeladen hat, um im Geist des Gebetes Zeugnis abzulegen für das gemeinsame Anliegen des Friedens in der Welt. Die *Gemeinschaft Sant' Egidio* hat sich tatkräftig dafür eingesetzt, daß jenes Ereignis seine Bedeutung behält, und wurde dabei großzügig unterstützt von herausragenden Repräsentanten aus dem religiösen und dem säkularen Bereich.
Schon ein kurzer Blick auf die Inhaltsangabe dieses Bandes und die beteiligten Persönlichkeiten dürfte genügen, dem Buch einen großen Leserkreis zu wünschen. Es enthält eine Fülle von Informationen

und gut informierten Stellungnahmen zu den Treffen selbst sowie zu den verschiedenen Gesprächskreisen, die dort stattgefunden haben, z.B. zum Problem der Beziehungen der Christen untereinander, zum interreligiösen Dialog, aber auch zu Konflikten jüngeren Datums, sowie schließlich zur Frage, welche Hoffnungen uns bewegen und welche Möglichkeiten wir für den Frieden sehen.

Das Buch enthält Stimmen aus der Politik, so von *Michail Gorbatschow, Robert G. Mugabe* und *Mario Soares*, also von drei Weltpolitikern, die in den letzten Jahren die Geschichte ihrer Länder tief geprägt und Wesentliches zum Frieden in der Welt beigetragen haben.

Aufgrund dieser Beiträge wird der Leser sich eine Vorstellung über die Bedeutung und den Wert der Internationalen Treffen von *Uomini e Religioni* bilden können. Ich habe diese Treffen immer wegen des breiten Themenangebotes besonders geschätzt. Jedes Jahr hat man hier die Möglichkeit, innerhalb weniger Tage mit zumindest einigen der vitalsten und komplexesten Grundprobleme der Menschheit von heute eng in Berührung zu kommen. Dabei kam es zu historischen Augenblicken, wenn führende Vertreter von gegenwärtig miteinander Krieg führenden Seiten, nicht selten zum erstenmal überhaupt, im Rahmen dieser Treffen zusammengekommen sind, um in Ruhe und mit Tiefgang ihre Differenzen auszudiskutieren und so eine erste Verständigung zu erreichen.

Ähnlich lohnend habe ich die Möglichkeit empfunden, bei diesen Treffen mit Persönlichkeiten aus so vielen Religionen und anderen Bereichen des sozialen und politischen Lebens zusammenzutreffen. Für wenige Tage nimmt man teil an einer weltweiten Gemeinschaft, die sich dem Frieden verschrieben

hat, dabei aber ausgewogen und realistisch bleibt, und in der die einzelnen bereit sind, ihr Wissen, ihre Überzeugungen, ja ihre innersten Gefühle miteinander zu teilen. Möglicherweise sind die Begegnungen außerhalb der Konferenzräume, etwa in einer Pause oder bei einem gemeinsamen Essen, mit am fruchtbarsten. In jedem Falle geht man innerlich bereichert und mit vielen neuen Einsichten nach Hause.
Ich bin sicher, daß durch dieses Buch etwas von all dem auf die Leserin und den Leser überspringt. Wer hierin liest, wird mehr als vorher der Sache des Friedens verpflichtet sein.

Vatikanstadt, 6. Mai 1996

gez. Edward Card. Cassidy

Einleitung

Der interreligiöse Dialog, das Gespräch der Religionen miteinander, ist eine der großen Herausforderungen unserer Tage, vor die sich nicht nur die Verantwortlichen der Weltreligionen auf hoher und höchster Ebene und auch nicht nur die Spezialisten, etwa die Theologen und Religionswissenschaftler, gestellt sehen. Wer seinen Glauben ernst nimmt, sei er *Jude* oder *Christ* oder *Moslem*, ja welcher Religion auch immer er angehört, kommt wohl kaum an der Tatsache vorbei, daß wir in einer Welt leben, in der Entfernungen praktisch keine Rolle mehr spielen und die Menschen der verschiedensten Religionen und Kulturen miteinander in Kontakt kommen, ja sich mehr und mehr zu vermischen scheinen.
Kündigt sich damit das Ende des Zeitalters der Religionen, jedenfalls der großen Weltreligionen, an? Läuft die Entwicklung darauf hinaus, daß jeder sich seine Religion mehr oder weniger nach eigenem Geschmack zusammenbasteln darf bzw. muß, oder haben am Ende die recht, die das Ende von Religion überhaupt als Konsequenz von Technik, Fortschritt und Aufklärung bezeichnen möchten? Nicht wenigen kommt das Gespenst des *Fundamentalismus* wie das letzte, grausame Aufbäumen einer untergehenden Welt vor, nämlich der Welt der großen Religionen, die jeweils für sich Wahrheit beanspruchen und deshalb letztlich, allem Reden von Frieden und Versöhnung zum Trotz, gegeneinander gerichtet, also aggressiv sind. Hat nicht der kaum beendete Krieg im *ehemaligen Jugoslawien* gezeigt, welches Gewaltpotential gerade Religionen freisetzen können?

In diesem Buch sind Reden und Beiträge von führenden Vertretern großer Weltreligionen sowie wichtiger Repräsentanten aus Gesellschaft und Politik zu den angesprochenen Fragen und Problemen versammelt. Sie wurden alle gehalten bei den jährlich stattfindenden interreligiösen Treffen der Bewegung *Uomini e Religioni*. Diese Bewegung wird ihrerseits getragen von der *Gemeinschaft Sant' Egidio,* einer katholischen Laienbewegung, die Ende der sechziger Jahre in Rom von jungen Katholiken ins Leben gerufen worden und heute weltweit verbreitet ist. Beiträge, die darüber nähere Auskunft geben, stehen am Anfang des Bandes.
Anliegen des Buches ist es aber vor allem, die Sache des interreligiösen Dialogs, wie sie von *Uomini e Religioni* verstanden und vorangetrieben wird, auch im deutschen Sprachraum einem größeren interessierten Publikum vorzustellen und entsprechendes Interesse zu wecken. Initialzündung war das Treffen der Weltreligionen in *Assisi,* zu dem *Papst Johannes Paul II.* im *Oktober 1986* eingeladen hatte. Die Bewegung *Uomini e Religioni* hat, mit ausdrücklicher Billigung und Förderung durch den Papst selbst, das Anliegen von *Assisi 1986* aufgegriffen und bis heute weitergeführt. Von daher war auch das bestimmende Thema, sozusagen das treibende Moment aller seitdem durchgeführten Treffen vorgegeben: Es geht nicht um theoretische Diskussionen von Spezialisten eines interreligiösen Dialogs als Selbstzweck, es geht um die lebensnahe, die Gegenwart und Zukunft unserer Welt sehr konkret bestimmende Frage, welchen Beitrag die Religionen zum Weltfrieden leisten können und von ihrem Selbstverständnis her müssen. Daß hierbei auch den Fragen nach dem jeweils grundlegenden Selbstverständnis der verschiedenen Religionen nicht ausge-

wichen wird, daß also Unterschiede gerade nicht verwischt werden, ist eines der prägenden und beeindruckenden Kennzeichen der seit 1986 jährlich stattfindenden Treffen. Die hier versammelten Beiträge zeigen exemplarisch, wie weit dieser Dialog inzwischen gediehen ist, lassen also auch erkennen, welcher Weg der gegenseitigen Verständigung noch vor uns liegt. Bewußt wurden die Beiträge weder sprachlich allzu sehr »eingedeutscht« noch mit einem nach streng wissenschaftlichen Kriterien zwar eigentlich nötigen, für manchen aber eher verwirrenden Apparat ausgestattet. So weit möglich sollte der Charakter der lebendigen Rede erhalten bleiben. Auf diese Weise wird zwar eher indirekt, aber umso nachdrücklicher schon von der jeweiligen Sprachgestalt her deutlich, aus welch verschiedenen Denk- und Empfindungswelten die Vertreter verschiedener christlicher Kirchen und vor allem anderer Religionen kommen, etwa wie unterschiedlich sich das Verhältnis von Reflexion und Meditation jeweils darstellt, wie sehr sie sich aber gerade im Grundanliegen des Friedens zuinnerst einig wissen.

An ihrem eigenen Glauben interessierte Christen, die zugleich mit wachem und nicht selten zurecht besorgtem Herzen den vielfältigen Unfrieden unserer Welt wahrnehmen, finden somit hier Anregung zum Nachdenken über Religion und Glauben heute, über das Problem der interreligiösen Verständigung, sowie über den Zusammenhang von Religion bzw. Religionen und Weltfrieden. Der von *Uomini e Religioni* initiierte und vorangetriebene interreligiöse Dialog, der durchaus als weltumspannender Friedensprozeß bezeichnet zu werden verdient, ist zu wichtig und zu wertvoll, um nicht auch im deutschsprachigen Raum stärker als bisher zur Kenntnis genommen zu werden. Dabei geht es nicht um Konkurrenz zu anderen, vielleicht ähnlich gelagerten Initiativen. Vielleicht kommt es gerade durch diese Publikation zu einer Vernetzung, die vom Gewicht des Anliegens her eigentlich schon längst hätte erfolgen sollen.

Immer deutlicher hat sich seit 1986 der Friede als Hauptanliegen aller Religionen, das Engagement für den Weltfrieden, für eine neue humane Ordnung, als das alle Religionen verbindende, gemeinsame Ziel, als die große Herausforderung des religiösen Menschen heute herauskristallisiert. Die gewaltigen Umbrüche seit Mitte der achtziger Jahre, vom sich zunächst verschärfenden Ost-West-Konflikt bis zum Zusammenbruch des Ostblocks, der Golfkrieg am Beginn der neunziger Jahre und die seitdem noch immer nicht wirklich enden wollenden Kämpfe im *ehemaligen Jugoslawien*, aber auch die Konflikte in *Somalia* und im *Süden Afrikas*, die Zerreißprobe, der die *indische Gesellschaft* ausgesetzt ist, von dem nach wie vor brodelnden Kessel *Lateinamerika* ganz zu schweigen, alles das zeigt: Die Konflikte unserer Welt haben zumindest auch etwas mit der Verschiedenheit der Religionen zu tun. Umso drängender stellt sich die Frage: Sind die Religionen am Ende gar Verursacher, jedenfalls Mitverursacher, sind sie mitschuldig am Unfrieden der Welt? Woher kommt es, daß die großen Religionen der Welt allesamt vom Frieden reden, den Frieden verkünden, aber in der Realität Krieg verursacht haben und verursachen?

In der Erklärung von *Mailand* (1993) zum Zusammenhang von interreligiösem Dialog und Weltfrieden ist von der *schwachen Kraft der Religionen* die Rede: *Die Religionen haben keine eigenen Kräfte im Sinne militärischen Potentials oder ökonomischer Ressourcen ... Dennoch sind wir überzeugt, daß die*

Religionen ihre eigene Energie besitzen, eine eigene Kraft, die von anderer Natur ist als die Kräfte dieser Welt.... Immer wenn in der Geschichte der gläubige Mensch Verachtung erfahren hat, immer wenn der religiöse Mensch ob seines Glaubens mit Füßen getreten wurde, hat sich gezeigt, wie schwach die Gläubigen sind verglichen mit der Gewalt, die ihnen angetan wurde, zugleich aber auch, daß sie gerade hier, in dieser Situation, ungeahnte Kräfte entwikkeln konnten, daß sie fähig waren, alles das auszuhalten. Welch hohen Preis haben Gläubige immer wieder bezahlt, um ihrem Glauben treu bleiben zu können?! Ist das nicht eine Art Kraft, die es zu nutzen gilt? Angesichts der Destruktion moralischer Werte durch die Kriege, durch den Zusammenbruch von Ideologien, durch die ungeheuere Leere in den materiell gesättigten Gesellschaften unserer Tage können und müssen wir die Kräfte, die in Religion und Glauben stecken, wiederentdecken. Religiöser Glaube gibt Lebensmut, Durchhaltevermögen und Hoffnung, er tröstet und richtet auf.

Dies haben die Vertreter aller in *Mailand* anwesenden Weltreligionen unterschrieben als mit ihrem jeweiligen Glauben, mit ihrer jeweiligen Tradition, ihrer Ethik übereinstimmende Aussage.

In welchem Sinne in verschiedenen christlichen Kirchen sowie in einzelnen anderen Religionen der Friede als zentrales Anliegen gesehen wird, soll aus den hier vorliegenden Beiträgen ersichtlich werden. Wenn dies aber so ist, dann stellt sich dem gläubigen Christen umso drängender die Frage, welche positive Kraft speziell im christlichen Glauben steckt, um zum Frieden in der Welt, zum Frieden unter den Religionen beizutragen und nicht zuletzt, um die eigenen Tendenzen zur Gewalt, zum Unfrieden, die wir auch und gerade im Blick auf die Geschichte des

Christentums nicht verschweigen dürfen, zu überwinden.

In der Tat ist der Friede für den Christen keine bloß praktische Folgerung aus seinem Glauben, so als stünden auf der einen Seite die Wahrheiten des Glaubens in Form theoretischer Inhalte und seien diese der eigentliche Kern des Christentums, und sei andererseits die Aufforderung zum Frieden ein daraus abgeleitetes Gebot neben anderen mehr oder weniger wichtigen christlichen Verhaltensregeln. Der Friede ist für den Christen gerade kein praktisches Postulat, an das man sich als Christ tunlichst zu halten hat, dessen Verletzung aber nicht den Kern des Glaubens berührt. Der Friede, von dem das Neue Testament spricht, ist gewiß *Frucht der Gerechtigkeit* (Jak 3,18), ist praktische Verpflichtung: *Suche den Frieden und jage ihm nach* (1 Petr 3,11). Aber er ist zugleich mehr: Der Christ ist zum Frieden verpflichtet, weil er glaubt an den Gott des Friedens (vgl. Röm 16,20 u.a.). Wenn der Auferstandene seinen Jüngern den Frieden zusagt (vgl. Joh 20,19 u.a.), sagt er ihnen nicht etwas Zusätzliches, sondern sich selbst und damit Gott zu. Daß der Friede letztlich identisch ist mit *Christus*, mit dem Gott Jesu Christi, daß an Gott glauben im Sinne Jesu grundlegend gar nichts anderes heißt, als sich der Friedensbewegung Gottes selbst anzuvertrauen und anzuschließen, und daß dies konkret die Überwindung aller Trennung zwischen Völkern und Religionen miteinschließt, bezeugt der Epheserbrief mit den eindringlichen Worten: *Erinnert euch also, daß ihr einst Heiden wart und von denen, die äußerlich beschnitten sind, Unbeschnittene genannt wurdet. Damals wart ihr von Christus getrennt, der Gemeinde Israels fremd und vom Bund der Verheißung ausgeschlossen; ihr hattet keine Hoffnung und lebtet ohne Gott in der Welt. Jetzt aber seid ihr, die ihr einst in der Ferne wart, durch Jesus Christus, nämlich durch sein Blut, in die Nähe gekommen. Denn er selbst ist unser Friede. Er vereinigte Juden und Heiden und riß durch sein Sterben die trennende Wand der Feindschaft nieder ... Er hat in seiner Person die Feindschaft getötet. Er kam und verkündete Frieden: euch, den Fernen, und uns, den Nahen. Durch ihn haben wir beide in dem einen Geist Zugang zum Vater* (Eph 2,11–18).

Wenn dies aber stimmt, wenn also *Friede* letztlich ein anderes Wort für den *Gott Jesu Christi* selbst ist, dann folgt daraus unmittelbar: Die eigentliche Sünde, der eigentliche Abfall vom Glauben, Häresie im ganz grundlegenden Sinne ist nicht nur ein theoretisches Leugnen von Glaubenswahrheiten, sondern ist zumindest auch, wenn nicht primär, jede Art von Unfrieden, Friedlosigkeit, Haß, Gewalt. Worauf es ankommt im Glauben sagt Paulus in diesem Sinne im Römerbrief, wenn er, freilich wiederum sehr realistisch, feststellt, der wahre, angemessene Gottesdienst bestehe darin, soweit es möglich ist, mit allen Menschen Frieden zu halten (vgl. Röm 12,18).

Das *Christentum* beansprucht also, in gewisser Weise die Religion des Friedens zu sein, jedenfalls insofern der Friede im umfassenden Sinne, der Friede Gottes mit der Welt und der Friede der Menschen untereinander, mit der Welt und mit Gott, sozusagen die Kernwahrheit des christlichen Glaubens von der Erlösung, vom Heil aller ist. Dies heißt nun aber bezogen auf das Verhältnis des Christentums zu den anderen Weltreligionen, insbesondere zu den beiden anderen großen abrahamitischen Religionen, zu *Judentum* und *Islam*, gerade nicht, daß hier ein Absolutheitsanspruch formuliert wird, der das Christentum von den anderen abhebt. Das Gegenteil ist der Fall, denn: Wenn das wahr ist, dann sind wir im Kern gerade nicht voneinander getrennt, sondern gerade eins. Es war und ist eine der geradezu beglückenden Erfahrungen und Einsichten der interreligiösen Treffen von *Uomini e Religioni*, daß tatsächlich der Friede nicht der kleinste gemeinsame Nenner ist, auf den sich auch die drei großen abrahamitischen Religionen gerade noch einigen können, weil es hier nicht um dogmatisches Urgestein geht, sondern daß *der Friede* von allen dreien, wenn auch auf je verschiedene Weise, als *konstitutiv für Judentum, Christentum und Islam* angesehen wird. Daß auch die anderen Religionen, also insbesondere die asiatischen Religionen, der Sache nach mit dem Friedensverständnis der drei abrahamitischen Religionen weithin übereinstimmen, sei damit nicht in Frage gestellt. Ja es sei sogar unterstrichen, daß deren Gewaltlosigkeit vielleicht sogar mindestens so radikal, so an die Wurzel gehend ist, wie der Friede im monotheistischen Kontext. Doch sei auch nicht verschwiegen, daß wir hier noch einen langen Weg vor uns haben, bis wir die doch sehr verschiedenen Welten sachgerecht aufeinander beziehen und so voneinander lernen können. Die konkrete Herausforderung des Friedens für die Weltreligionen besteht angesichts dieses Befundes darin, gemeinsam die Geschichte aufzuarbeiten, die alle Religionen hinter sich haben, die zu ihnen gehört mit ihren Höhen und Tiefen, und die wahrlich alles andere als eine Geschichte fortschreitenden Friedens ist. Darin liegt die Chance, gemeinsam die im Namen der jeweiligen Religion vom Zaun gebrochenen Konflikte, die Kriege zwischen den Völkern, die Errichtung von unmenschlichen Gesellschaftsstrukturen, die Ausbeutung von ganzen

Gesellschaftsschichten, den Fremdenhaß usw. als schreckliche Mißverständnisse und Mißbräuche auch des jeweiligen Glaubens zu brandmarken und all dem die eigentliche Kraft der Religion, die Kraft zum Frieden, entgegenzusetzen. Interreligiöser Dialog ist so aber wohl endgültig kein Privatvergnügen von Spezialisten mehr, die sich jeweils am Rande ihrer eigenen Glaubensgemeinschaft bewegen, sondern die zentrale Herausforderung für alle Religionen im Blick auf den Weltfrieden, auf den Frieden der Religionen miteinander, aber auch hinsichtlich des Friedens jeder Religion mit sich selbst. Daß wir Christen angesichts der Eindeutigkeit, mit der Jesus Christus und Friede miteinander identifiziert werden, zugleich aber angesichts der konkreten Geschichte unserer Kirchen und unseres Verhältnisses zu den anderen Religionen, insbesondere, aber nicht nur zu Juden und Moslems, hier noch einiges aufzuarbeiten haben, braucht wohl nicht eigens erwähnt zu werden. Daß dies leider nicht mehr nur eine Frage der Geschichte, sondern der Tagespolitik, der Auseinandersetzung um die Hygiene gerade auch unserer Gesellschaft ist, macht die Sache nur umso dringlicher.

Damit ist auch der Sachgrund genannt, von dem her dieser Sammelband zurecht in einer Reihe erscheint, die den Titel trägt: *Fundamente Europas*. In einer Zeit, in welcher allenthalben nach den die Gesellschaft tragenden Grundwerten gefragt wird, darf weder im Blick auf die Vergangenheit, also auf die uns tragende und bestimmende Kultur und Tradition, noch im Blick auf die Zukunft unserer immer mehr vernetzten und zusammenwachsenden Welt übersehen werden, daß die Fähigkeit der Religionen zum Dialog oder aber der Wille zu aggressiver Selbstbehauptung epochales Wertbewußtsein immer

zumindest mitbestimmt hat. Mehr denn je dürfte das für heute und morgen gelten.
Der Herausgeber hat die angenehme Pflicht, der Würzburger Gemeinschaft Sankt Ägidius, insbesondere Frau Susanne Bühl, für die Mitarbeit bei der Übertragung der Texte ins Deutsche und für viel Korrekturarbeit, sowie seinem wissenschaftlichen Mitarbeiter, Herrn Andreas Martin für die Erarbeitung der Textvorlage auf der Basis des EDV-Programms TUSTEP zu danken. Sein besonderer Dank gilt aber all denen, die ihm im Rahmen der Bewegung *Uomini e Religioni* Erfahrungen ermöglicht und Perspektiven eröffnet haben, die für sein eigenes Verständnis, nicht nur des interreligiösen Dialogs, sondern seiner Theologie und seines Glaubens überhaupt, zunehmend wichtig geworden sind. In diesem Sinne ist zu wünschen, daß der vorliegende Band für viele Anstoß und Hilfe sein wird.

Dresden, im Juni 1996 Albert Franz

Die Gemeinschaft Sant' Egidio

Sant' Egidio ist eine nach dem *Zweiten Vatikanischen Konzil* gegründete, seit 1986 päpstlich anerkannte internationale Laienvereinigung mit weltweit ca. 15.000 Mitgliedern. Sie besteht aus einer Vielzahl kleinerer Gemeinschaften, die alle nach dem Zweiten Vatikanischen Konzil innerhalb der katholischen Kirche entstanden sind.
Die Mitglieder engagieren sich jeweils vor Ort in sozialen Diensten für Menschen am Rand der Gesellschaft. Darüber hinaus führt die *Gemeinschaft Sant' Egidio* in verschiedenen Teilen der Welt Entwicklungshilfeprojekte durch. Ihre Arbeit finanziert sie überwiegend durch Spenden.
Entstanden ist die erste *Gemeinschaft Sant' Egidio* im Jahr 1968 aus einer Gruppe römischer Gymnasiasten. Eine Handvoll Schüler hat damals angefangen, das Evangelium mit neuen Augen zu lesen, nämlich mit besonderem Blick auf die Armen, und zwar vornehmlich auf die Armen und Benachteiligten in der eigenen Umgebung, in der Stadt *Rom*.
Heute besteht *Sant' Egidio* aus mehreren hundert Gemeinschaften unterschiedlicher Größe mit Mitgliedern jeden Alters, aus verschiedenen sozialen Schichten in und außerhalb Italiens. Der Gründer und damalige Schüler *Andrea Riccardi* ist heute Professor für Geschichte des Christentums an der römischen Universität La Terza.
Rund die Hälfte aller Mitglieder der Gemeinschaft lebt in *Rom*. Ihr Zentrum ist die *Kirche Sant' Egidio* in *Trastevere*, die der Gemeinschaft den Namen gegeben hat. Weitere Gemeinschaften gibt es in *Italien (Neapel, Genua, Novara, Florenz, Bari, Padua, Palermo, Triest, Parma und Mailand)*, in anderen Ländern *Europas (Deutschland, Belgien, Portugal,*

Spanien, Tschechien, Ungarn, der Ukraine, Rußland, Lettland), in *Afrika (Guinea, Kamerun, Mosambik, Elfenbeinküste)*, in *Asien (Indonesien)* sowie in *Mittel- und Südamerika (El Salvador, Guatemala, Mexiko, Argentinien)*.

Die Ziele und Anliegen der *Gemeinschaft Sant' Egidio* sind in den 1986 vom Heiligen Stuhl anerkannten Statuten festgehalten. Die wichtigsten sind:

- *Die Evangelisierung*, vor allem auch der Menschen, die der Kirche fernstehen und am Rand der Gesellschaft leben.
- *Der Dienst an den Armen*. Dies entspricht dem Geist des *Zweiten Vatikanischen Konzils*, das die Kirche bezeichnet als *»Kirche aller und in besonderer Weise der Armen«* (*Johannes XXIII.*).
- *Der ökumenische und interreligiöse Dialog*.

Als kirchliche Gemeinschaft will *Sant' Egidio* ihr gesellschaftliches und soziales Engagement nicht politisch verstanden wissen. Das Engagement der Gemeinschaft hat seine Wurzeln nämlich nicht in einer politischen Idee; es lebt aus der täglichen Praxis des persönlichen und gemeinschaftlichen Gebets. Dies macht es möglich, den Dienst an den Armen als Leben nach dem Evangelium zu verstehen.

Dabei gibt es kein einheitliches Modell für die Gemeinschaften in den verschiedenen Ländern, Kulturen und Städten. Wo eine Gruppe der *Gemeinschaft Sant' Egidio* besteht, versuchen die Mitglieder – überwiegend Laien, aber auch Priester und Ordensleute, die in diesem Geist leben möchten –, in Treue zum Evangelium sich um die Armen vor Ort zu kümmern und so ihre Verantwortung als Christen in der Welt wahrzunehmen. Dies geschieht ehrenamtlich. Dabei ist der Geist der Freundschaft untereinander, aber auch mit anderen Gläubigen und insbesondere mit den Armen, denen der Einsatz gilt, ganz besonders wichtig. Im gleichen Geist pflegt die Gemeinschaft den Dialog mit Andersgläubigen, ja mit allen Menschen guten Willens.

Diese alle *Gemeinschaften von Sant' Egidio* kennzeichnende Spiritualität nimmt an jedem Ort eine den jeweiligen Gegebenheiten entsprechende Gestalt an. So sieht das Engagement für die Kinder in sozialen Brennpunkten westlicher Großstädte anders aus als in afrikanischen oder mittelamerikanischen Elendsvierteln. Und doch handelt es sich um die gleiche Sache, um die Verwirklichung des einen gemeinsamen Anliegens. Während zum Beispiel *»Nachmittagsschulen«* in *Guatemala* ein Angebot für die gesamte Bevölkerung sind, richten sich ähnliche Schulen in *Deutschland* oder *Belgien* in erster Linie an Kinder aus Ausländer- und Flüchtlingsfamilien, oder dienen in *Neapel* oder *Palermo* vor allem auch dazu, den Kindern eine Alternative zu Camorra und Mafia zu eröffnen.

Ein Charakteristikum aller *Gemeinschaften von Sant' Egidio* ist neben dem Einsatz für Kinder das Engagement für alte und kranke Menschen. In Deutschland wird dieser Dienst in Altenheimen durchgeführt, im südlichen *Afrika* bei Hilfsmaßnahmen in Krankenhäusern und Gesundheitszentren, in *Italien*, z.B. in *Rom* und *Genua*, durch Wohngemeinschaften, die gezielt für pflegebedürftige alte Menschen eingerichtet wurden, oder in verschiedenen Maßnahmen für Menschen, die auf der Straße leben, für Aidskranke und Drogenabhängige, sowie für körperlich und geistig Behinderte.

Die in *Europa* beheimateten Gemeinschaften setzen sich besonders für alte Menschen sowie für Flüchtlinge und Ausländer aus südlichen und östlichen Ländern ein.

Auf diesen Gebieten sind vielfältige Dienste und verschiedene neue Formen von Hilfsangeboten entstanden. Diese reichen von Soforthilfe im Einzelfall bis hin zu festen Einrichtungen, von Mittagstischen für Obdachlose und Flüchtlinge bis zur Hilfe in Rechtsfragen, von Sprach- und Berufsschulen bis hin zu Arbeitsvermittlungszentren, von Freundschaftsvereinigungen zwischen Einheimischen und Ausländern bis hin zu öffentlichen Kampagnen gegen Intoleranz und Rassismus gegenüber Ausländern, von der konkreten Betreuung von Tausenden von einsamen alten Menschen in ihren Wohnungen bis hin zu Plädoyers in der Öffentlichkeit, beispielsweise Unterschriftensammlungen, Gesetzesinitiativen usw. für den Verbleib und die Versorgung alter Menschen in der eigenen Wohnung, wenn ein Heimaufenthalt vermeidbar ist.

In *Rom* und anderen Städten hat die Gemeinschaft intensive Beziehungen zu Menschen ohne festen Wohnsitz aufgebaut. Ziel dieser Arbeit ist es, die Anonymität der Großstadt zu überwinden, von der diese Randgruppe besonders hart betroffen ist.

Das Anliegen des ökumenischen und interreligiösen Dialogs hat die *Gemeinschaft Sant' Egidio* veranlaßt, die historische *Begegnung der großen Weltreligionen im Jahr 1986* auf Einladung von *Papst Johannes Paul II.* in *Assisi* aufzugreifen und weiterzuführen. Diesem spezifischen Engagement ist der vorliegende Band mit seinen folgenden Beiträgen gewidmet.

Aber auch in politischen Krisenherden konnte *Sant' Egidio* inzwischen erfolgreich eingreifen, ohne allerdings selbst zu einem politischen Faktor im engeren Sinn zu werden. So wurden im Juli 1990 in *Rom* in den Räumlichkeiten der *Gemeinschaft Sant' Egidio* nach 14 Jahren Bürgerkrieg Friedensverhandlungen zwischen der *Widerstandsbewegung Renamo* und der *Regierung von Mosambik* begonnen. Schon seit den Jahren nach der Unabhängigkeit des afrikanischen Landes im Jahr 1975 hatte eine enge freundschaftliche Beziehung der Gemeinschaft zur Kirche und zum Volk von *Mosambik* bestanden. Der Bürgerkrieg hatte eine Million Tote gefordert, zwei Millionen Einwohner zur Flucht gezwungen und in einer Phase der Hungersnot drei Millionen Menschen nahe an den Hungertod gebracht.

Vermittler bei den Friedensverhandlungen waren neben *Sant' Egidio* die italienische Regierung und die katholische Kirche von *Mosambik*. Am 4. Oktober 1992 wurde der Waffenstillstands- und Friedensvertrag zur Beendigung des mosambikanischen Bürgerkrieges in Anwesenheit der Vermittler und zahlreicher Vertreter und Beobachter der internationalen Politik in *Rom* unterzeichnet. Für die Bürgerkriegsparteien firmierten der mosambikanische Präsident *Joaquim Alberto Chissano* und der Präsident der *Renamo, Afonso Macaccho Marceta Dhlakama*.

Erfolgreich war die Initiative von *Sant' Egidio* wohl hauptsächlich aufgrund des besonderen Vertrauens, das ihr im Lauf der Zeit von beiden Konfliktparteien entgegengebracht wurde und sich innerhalb der beiden Jahre der Verhandlungen festigte. Hinzu kam eine bestimmte Art von Diplomatie, die sich als praktische Umsetzung des Grundsatzes von Papst *Johannes XXIII*. versteht, nämlich von dem auszugehen, was vereint, und nicht von dem, was trennt.

Die Vermittlung des Friedens in *Mosambik* ist die bisher erfolgreichste Initiative von *Sant' Egidio* im Einsatz für den Frieden. Derzeit setzt sich die Gemeinschaft auch für eine Lösung der Krise in *Algerien* ein.

In den Rahmen dieser Friedensarbeit ist auch der jüngste Einsatz in *Albanien* einzuordnen, der vor zwei Jahren mit Hilfslieferungen von Lebensmitteln und Medikamenten begann und in enger Zusammenarbeit mit der dortigen Kirche geschieht. Auf der Basis intensiver und vertrauensvoller Beziehungen zur gegenwärtigen Regierung Albaniens sind verschiedene Projekte zur Entwicklung des Landes in Gang gekommen. Auch die Unterstützung von Minderheiten orientalischer Christen im *Libanon*, sowie die Friedensarbeit in der *Türkei*, in *Afrika*, im *Fernen Osten* und in *Mittelamerika* ist hier zu nennen.
So bemüht sich die Gemeinschaft, auf dem Weg der Freundschaft und des Dialogs gerade dort Versöhnung zu stiften, wo die Religionsfreiheit und die Sicherheit des Lebens von Einzelpersonen oder von Gruppen und Völkern in Gefahr ist, und Friedensarbeit in diesem Sinne zu leisten. In praktischer Sozialarbeit, im Einsatz für die Armen, im Engagement für den Frieden und für den interreligiösen Dialog wollen die Mitglieder der *Gemeinschaft Sant' Egidio* das Evangelium heute leben und in die konkrete Tat umsetzen.

(Beitrag aus: Pace a Milano. Testi a cura di Mario Marazziti, Cinisello Balsamo, Milano, 1993)

I. Im Geist von Assisi

Papst Johannes Paul II. beim Weltfriedensgebet der Religionen in Assisi 1986

Friedenstreffen von Sant' Egidio in Assisi 1994

Andrea Riccardi

Die Religionen angesichts der Krisen in der Welt

Die Vereinigung *Uomini e Religioni (Menschen und Religionen)* wurde nach dem von *Papst Johannes Paul II.* im Jahre 1986 nach *Assisi* einberufenen Gebetstreffen der führenden Vertreter der Weltreligionen ins Leben gerufen. Sie wird von der *Gemeinschaft Sant' Egidio* getragen. Seit *Assisi 1986* organisiert *Uomini e Religioni* jährliche Weltgebetstreffen in verschiedenen Städten *Europas*.

Die Geschichte des interreligiösen Dialogs hat freilich viel früher begonnen. Bereits im Jahre 1893 fand in *Chicago* auf Initiative eines presbyterianischen Pastors und mit Unterstützung der nordamerikanischen katholischen Kirche das *World Parliament of Religions* statt. Vertreter von sechzehn religiösen Traditionen beteiligten sich an dem Treffen, das für die damalige Zeit ein aufrüttelndes Ereignis darstellte. Im Jahre 1900 wurde diese Initiative zunächst in *Paris* in Form einer religionsgeschichtlichen Tagung fortgeführt, erlitt dann aber Schiffbruch. Zu groß war noch das Mißtrauen sowohl auf Seiten der religiösen Institutionen als auch auf Seiten der Laien und Nichtgläubigen.

Der anfängliche Erfolg des *World Parliament of Religions* von *Chicago* ist nur vom multiethnischen und multireligiösen Umfeld der *Vereinigten Staaten* her zu verstehen, das schon damals geprägt war von einem Klima grundsätzlicher Gleichheit und Gleichberechtigung aller religiösen Überzeugungen.

Damals war dieses Modell noch nicht auf *Europa* übertragbar. Hier ist das 20. Jahrhundert zum Jahrhundert neuer Beziehungen unter den Völkern und Religionen geworden. Zwar waren und sind noch immer die Wege des Dialogs und der Begegnung lang und schwierig, doch läßt sich eines zweifellos feststellen: Die großen Religionen verspüren die Notwendigkeit, miteinander in Kontakt zu kommen. Es entstehen Beziehungen, und es kommt eine vertiefte theologische Reflexion über die Bedeutung und den Stellenwert der jeweils anderen religiösen Traditionen innerhalb des je eigenen Glaubens und Denkens in Gang.

Dies gilt nicht zuletzt auch für die katholische Kirche. Auf dem *Zweiten Vatikanischen Konzil* wurde mit der Erklärung *Nostra Aetate* das Verhältnis des Christentums zum Judentum, zum Islam und zu den anderen großen Religionen der Welt völlig neu formuliert. Seitdem wird dem interreligiösen Dialog auch in der katholischen Theologie eine zentrale theologische Bedeutung beigemessen. Die jeweils andere religiöse Gemeinschaft wird nicht mehr prinzipiell als ein Unfall, als ein lästiger Zufall der Geschichte, als Unwahrheit, sondern als in sich bedeutsame Wirklichkeit angesehen, die auch das eigene Denken, die je andere Tradition bereichern kann.

Das Gebetstreffen von *Assisi* im Jahre 1986 hat die unterschiedlichen Wege und die Begegnungen der verschiedenen Weltreligionen in den Blick gerückt. Dabei war *Assisi 1986* kein Meeting von Spezialisten oder elitären religiösen bzw. theologischen Gruppen. Repräsentanten verschiedenen Ranges aus unterschiedlichsten religiösen Traditionen haben miteinander gesprochen und auf unterschiedliche Weise ihre jeweiligen Mitgläubigen vertreten.

Das gemeinsame, alle verbindende Anliegen war dabei der Friede für eine gespaltene Welt, und insbesondere der Beitrag der Religionen für die Gestaltung einer friedvollen Zukunft.

Der Geist von Assisi im Herbst des Kalten Krieges

In einer polarisierten, von den beiden Supermächten *USA* und *Sowjetunion* kontrollierten Situation, wie sie im Jahre 1986 noch herrschte, war der Friede das große Problem. Aus heutiger Perspektive hat sich das Treffen von *Assisi* bereits im Herbst des Kalten Krieges abgespielt, doch war damals an eine Krise des Sowjetreiches noch kaum zu denken. Die Zukunft der Welt, Krieg und Frieden, wurde unter dem engen Blickwinkel der Bipolarität gesehen.
In *Assisi 1986* kamen die geschichtlichen Erfahrungen der verschiedenen Religionen zum Austausch und wurden so füreinander fruchtbar gemacht. Dabei wurde sichtbar, daß das Leid und Elend, das die beiden Weltkriege verursacht haben, in den verschiedenen Religionen unabhängig voneinander zu neuer Nachdenklichkeit geführt hat über den Wert des Friedens, über die Religion als Fundament des Friedens, sowie über die prinzipielle Verpflichtung der Religion, Gewalt abzulehnen. So begann nach dem Zweiten Weltkrieg der *Buddhismus* in *Asien* und in *Japan*, vor dem Hintergund des Atombombeneinsatzes von *Hiroshima* und *Nagasaki*, über seine Verantwortung für den Frieden nachzudenken. Gleichzeitig wies in *Indien Gandhi* während der gewaltsamen religiösen und ethnischen Auseinandersetzungen im Kampf für die nationale Unabhängigkeit auf die religiösen Fundamente des Friedens hin.

Im Jahr 1914, beim Ausbruch des Ersten Weltkrieges, stellte *Papst Benedikt XV.* die Frage: *Jeden Tag wird die Erde von neuem mit Blut getränkt und von Toten und Verwundeten bedeckt. Und wer würde sagen, daß diese Menschen, von denen sich einer gegen den anderen bewaffnet, vom selben Stammvater abstammen, daß sie alle von derselben Natur sind und alle Teil derselben menschlichen Gesellschaft sind? Wer würde sie als Brüder erkennen?* Den Worten dieses Papstes wird der größte Teil der religiösen Gemeinschaften zustimmen können.

Geschwisterlichkeit als Wert jenseits der verschiedenen nationalen Identitäten ist nämlich gemeinsames Gut aller bedeutenden religiösen Traditionen. Sie heben den gemeinsamen Ursprung aller Menschen hervor, aus dem ihre Gleichheit unmittelbar folgt, und betonen die Heiligkeit des menschlichen Lebens. Jeder Krieg entstellt zutiefst die Geschwisterlichkeit unter den Menschen und Völkern und zerstört das Bild Gottes, das alle Religionen auf unterschiedliche Weise im Menschen erkennen und anerkennen. Im Laufe des 20. Jahrhunderts war das Problem von Krieg und Frieden somit eine große Herausforderung gerade für gläubige Menschen. Oft hat die harte Erfahrung gemeinsamer Vernichtungs- und Gefangenenlager dazu geführt, daß Solidarität und gegenseitige Achtung unter den Gläubigen verschiedener Glaubensrichtungen entstanden sind. Gemeinsames Leid führte Menschen verschiedener Religionen näher zusammen, und es entwickelte sich ein tieferes Bewußtsein der gemeinsamen Verantwortung für den Frieden.

Die bittere Erfahrung der Machtlosigkeit vor Konflikten und des Zusammenbruchs gerade religiöser Werte im Krieg haben viele bewogen, sich dafür einzusetzen, daß die Religionen den Frieden beständiger machen und den Krieg verhindern können.

Der Weg des Friedens und des Dialogs seit 1986

Beim Weltgebetstreffen 1986 in *Assisi* ist sichtbar geworden, daß die Vertreter der verschiedenen Religionen sozusagen auf zwei Wegen einander entgegenkommen bzw. miteinander gehen können, nämlich auf dem Weg des interreligiösen Dialogs und auf dem Weg des Einsatzes für den Frieden.

In *Assisi* waren die religiösen Oberhäupter zusammengekommen, um – einer neben dem anderen – zu beten. Die verschiedenen religiösen Anschauungen hätten es nicht zugelassen, gemeinsam zu beten, wie manche fälschlicherweise berichtet haben. Dies hätte eine respektlose Vermischung der verschiedenen Glaubensrichtungen und ihrer Gläubigen bedeutet. Das Gebet nebeneinander sollte die gemeinsame Überzeugung ausdrücken, daß aus religiösem Glauben – bei aller Verschiedenheit der Religionen – Friedensenergien hervorquellen können. Am Ende des Tages lud *Papst Johannes Paul II.* deshalb dazu ein, diese Energien weiter freizusetzen und zu nutzen.

So war man einander trotz aller Unterschiede nahe, um im Gebet den Frieden von dem zu erbitten, der ihn geben kann, auch wenn die Menschen den Krieg wollen. Dabei wurde gerade nicht versucht, die Unterschiede der verschiedenen Religionen im Sinne eines leeren Synkretismus zu überspielen, vielmehr setzte man sich auf freundschaftliche und dialogische Weise gerade auch damit auseinander. Um so deutlicher wurde innerhalb der verschiedenen religiösen Traditionen die alle verbindende hohe Wertschätzung des jeweils anderen sichtbar und die Suche nach Frieden als das gemeinsame Anliegen zur konkreten Erfahrung.

So hat in *Assisi 1986* eine neue Phase des interreligiösen Bemühens begonnen. *Papst Johannes Paul II.*, der Initiator der Begegnung und Gastgeber der Religionsoberhäupter, interpretierte einige Monate später das Gebet von *Assisi* so: *Die universelle Einheit, die auf das Ereignis der Schöpfung und der Erlösung gegründet ist, muß im realen Leben der Menschen eine Spur hinterlassen, auch im Leben derer, die unterschiedlichen Religionen angehören*.

Assisi 1986 konnte kein isoliertes Ereignis bleiben. Die *Gemeinschaft Sant' Egidio* hat, ermuntert durch Freunde aus verschiedenen religiösen Traditionen, die Notwendigkeit erkannt, diesen Weg fortzusetzen. Bereits 1987 und 1988 fanden, organisiert von der *Gemeinschaft Sant' Egidio*, in *Rom* erste Folgetreffen im Geist von *Assisi* statt, an denen sich *Christen, Juden, Moslems, Buddhisten, Hinduisten* und *Jainisten* beteiligten. Man wollte den Weg von *Assisi* weitergehen. Mit den wachsenden freundschaftlichen Verbindungen unter den anwesenden Religionsvertretern entstand die Vereinigung *Uomini e Religioni (Menschen und Religionen)*, die das Ziel verfolgt, im *Geist von Assisi* die Begegnung von Menschen des Glaubens fortzuführen und gemeinsam für den Frieden zu arbeiten.

Im Appell, der beim Treffen in *Rom* 1988 unterzeichnet worden ist, heißt es: *Die Religionen wollen den Frieden und bereiten auf ihn vor. Mögen alle religiösen Menschen, alle Gläubigen immer Friedenssucher sein. Mögen sie in der Weisheit ihres jeweiligen Glaubens die menschlichen und spirituellen Kräfte finden, um den Frieden zu verteidigen, um den Frieden in den Herzen zu verwurzeln und um ihn in der Gesellschaft zu verbreiten*.

Seitdem organisiert *Uomini e Religioni* jährliche Gebetstreffen, die inzwischen schon zur festen Einrichtung geworden sind: 1989 in *Warschau*, 1990 in *Bari*, 1991 in *Malta*, 1992 in *Brüssel*, 1993 in *Mailand*, 1994 wieder in *Assisi*. 1995 fand neben dem nun schon herkömmlichen großen Gebetstreffen in *Florenz* eine von der Zahl der Teilnehmer her kleinere, in der Sache aber bedeutsame interreligiöse Versammlung in *Jerusalem* statt. So ist aus diesem Treffen gewissermaßen ein gemeinsamer Weg geworden, der Weg des Friedensgebetes der Weltreligionen.

Jahr für Jahr versuchen die Teilnehmer, die verschiedenen Charakteristika von Menschen des Glaubens besser zu verstehen, sich für die Friedensarbeit immer mehr zu engagieren und diejenigen Energien und Kräfte zu stärken, die in jeder Religion zutiefst gegen den Krieg und für die Schaffung des Friedens wirken. Die Bewegung ist mit ihrem Netz von Solidarität und Dialog mit der Zeit immer reicher und größer geworden.

Beim Friedensgebet 1989 in *Warschau*, im Klima der politischen Wende in *Osteuropa*, das zugleich von Angst und von Hoffnung geprägt war, stand das Drama des *Zweiten Weltkrieges* im Mittelpunkt der Reflexion, dessen Ausbruch sich damals zum fünfzigsten Mal jährte. Genau am 1. September 1989, dem Jahrestag, kamen die Vertreter der Religionen in *Warschau* zusammen, um nebeneinander zu beten und sich auf dem Schloßplatz zur gemeinsamen Gedenk- und Solidaritätsveranstaltung zu versammeln. Von *Warschau* aus ging dann die Pilgerfahrt zu den Vernichtungslagern nach *Auschwitz*, wo sich damit zum ersten Mal überhaupt Vertreter unterschiedlicher Religionen gemeinsam einfanden. In ihrer Erklärung heißt es: *Die Erinnerung an die*

Kriegsjahre erweckt in uns das Bewußtsein, daß jeder Konflikt heute ein Irrsinn ist.
Heute wissen wir: Mit dem Jahr 1989 hat sich die geopolitische Lage zwar verändert; die Einteilung in zwei starre Blöcke konnte überwunden werden, doch hat dies nicht automatisch eine Phase des Friedens eingeleitet. Der Untergang der Blöcke hat vor allem in *Osteuropa* bei vielen Völkern zur Wiederentdekkung des jeweiligen Nationalbewußtseins geführt, das lange unterdrückt worden war. Dies brachte häufig neue Konflikte mit sich.
Neue und blutige Kriege sind ausgebrochen, wie das Beispiel des ehemaligen *Jugoslawien* auf tragische Weise zeigt. In diesen Konflikten ist nicht selten die Religionszugehörigkeit als ein integrierender Bestandteil nationaler Identität in einer Weise wieder zum Tragen gekommen, die an neue Religionskriege denken läßt. *Sarajewo* ist nur ein besonders dramatisches Beispiel, das zeigt, wie das Zusammenleben zwischen verschiedenen Religionsgemeinschaften nun nicht mehr möglich zu sein scheint. Moslems, orthodoxe und katholische Christen sowie eine alte jüdische Gemeinde lebten seit Jahrhunderten zusammen in einer eng verflochtenen Kultur-, Lebens- und Interessengemeinschaft, die von gegenseitiger Solidarität geprägt war. Nun sind bestimmte Aspekte im Zusammenhang mit den Religionen mit brennender Aktualität wieder zum Tragen gekommen, die man schon als überholt betrachtet hatte.
Während sich die Religionen in der Zeit des Kalten Krieges angesichts der Supermächte oft machtlos fühlen konnten, liegt bei der heutigen internationalen Lage die Verantwortung für Krieg und Frieden nicht mehr nur in den Händen einiger weniger. Auf zahlreiche Konflikte zwischen kleineren und schwä-

cheren Nationen und Gruppen haben oft auch die mächtigen Staaten keinen Einfluß. Viele können heute Krieg führen – doch können wohl auch viele für den Frieden arbeiten. Hier ist für die Religionen ein größerer Freiraum und eine größere Verantwortung entstanden, so daß sie sich für eine universale Perspektive des Friedens einsetzen können.

Harsche Kritik am Krieg zwischen Religionen, an der Manipulation des Religiösen für kriegerische Ziele war und ist ein Hauptthema des interreligiösen Dialogs. Der Appell, der 1991 in *Malta* von den Religionsvertretern unterzeichnet wurde, führt hierzu aus: ... *die verschiedenen Religionen wollen nicht den Krieg, das Böse und die Unordnung, die aus ihm hervorgehen ... keine Religion rechtfertigt Haß und Konflikte* ... Damit wurde der Appell von 1987 aufgegriffen, in dem es bereits geheißen hatte: *Wir empfinden es als Irrsinn, wenn im Namen der Religion von Krieg gesprochen wird, und mit aller Kraft sagen wir: Möge das Wort der Religionen der Friede sein*. Bedeutende Vertreter der *Juden, Moslems, Christen, Buddhisten* und *Hindus* haben also immer wieder hervorgehoben, daß sich die Religionen als Kraft des Friedens einsetzen wollen.

Diese Entscheidung ist sicherlich weder einfach noch selbstverständlich. Gerade gläubige Menschen können sich von Gegensätzen faszinieren und mitreißen lassen und sich selbst in einen engen Horizont einsperren. Deshalb ist die Kommunikation zwischen unterschiedlichen religiösen Welten so wichtig, um nicht aus angeblich religiösen Gründen in die Falle des Ethnozentrismus, der nationalen Interessen und des Provinzialismus getrieben zu werden. Mit ihrem Netz des Dialogs möchte die Vereinigung *Uomini e Religioni* verhindern helfen, daß sich die Religionsgemeinschaften isolieren, und will die Auseinandersetzung mit den theologischen Grundlagen des Einsatzes für den Frieden und des interreligiösen Dialogs fördern.

Die Schwäche ist die wahre Kraft der Religionen

Keine Religion verfügt über ein mit politischen und staatlichen Kräften vergleichbares Machtpotential. Aber haben nicht gerade die politischen und sozialen Umwälzungen der unmittelbaren Vergangenheit die besondere Stärke und Kraft religiöser Überzeugungen bewiesen? In seiner Enzyklika *Centesimus Annus* hebt *Papst Johannes Paul II.* in bezug auf die Veränderungen in *Osteuropa* hervor: *Einen wichtigen, ja entscheidenden Beitrag hat dabei der Einsatz der Kirche für die Verteidigung und die Förderung der Menschenrechte geleistet.* Und er führt als Grund hierfür an, die Kirche habe *klar und nachdrücklich geltend gemacht, daß jeder Mensch, welche persönlichen Überzeugungen er auch immer haben mag, das Ebenbild Gottes in sich trage und daher Achtung verdiene.*
Msgr. Rossano betonte beim Treffen in *Bari* 1990, daß die Religionen nur schwache Kräfte zur Verfügung haben. Man könne aber sagen, daß sich in ihrer Schwäche ihre Kraft offenbare: *Es handelt sich um eine spirituelle Kraft, die danach strebt, den Menschen von innen her zu verwandeln und ihn gerecht und barmherzig zu machen. Es ist eine Kraft, die sich radikal von der Kraft der Waffen unterscheidet, jener Waffen, die die Menschen seit Beginn der Geschichte gegen ihre Brüder einzusetzen versucht sind*. In der Tat ziehen die Menschen oft die Gewalt der Waffen der friedenschaffenden Kraft der Religionen vor. Doch in der gegenwärtigen internationalen

Situation zeigen viele Gläubige, daß sie ohne Furcht die schwache Kraft der Religionen für den Frieden und für die Verständigung unter den Völkern einzusetzen bereit sind.

Das Zusammenleben verschiedener Völker ist auch eine Anfrage an die Religionen

Die Einwanderung aus dem Süden stellt die religöse und ethnische Homogenität eines großen Teils der Industrienationen von neuem in Frage. Diese Veränderungen haben gewalttätige rassistische Reaktionen hervorgerufen. In den Fremden wird eine zusätzliche Bedrohung der eigenen Identität gesehen, die schon durch die wirtschaftliche Krise und schwieriger werdende Lebensbedingungen in Frage gestellt ist. Oft fehlt es an geeigneten politischen Maßnahmen, um die große Zahl von Einwanderern einzugliedern. Doch ohne Zweifel werden die Industriegesellschaften heute multireligiös. Die Emigration hat sogar christliche Minderheiten auf die arabische Halbinsel geführt, die gestern noch nur von Arabern und Moslems bewohnt war. Einer der großen Widersprüche unserer Zeit besteht darin, daß sie den tragischen Niedergang des Zusammenlebens verschiedener Völker erlebt und gleichzeitig am Anfang von neuen Möglichkeiten des Zusammenlebens steht.

Die Kohabitation ist eine Herausforderung für die Weltreligionen. Werden sie fähig sein, eine überzeugende Botschaft in den Konfliktsituationen zu übermitteln? Werden sie fähig sein, ihre Gläubigen so anzuleiten, daß sie sich dort einsetzen, wo Menschen verschiedener Herkunft neu zusammenleben, damit dies möglich und menschlich wird? Hier stellt sich

das Problem des Verhältnisses zwischen der Religion der Mehrheit und den Gemeinschaften religiöser Minderheiten innerhalb eines Staates.
Die westlichen Rechtssysteme haben mit der Trennung von Staat und Religion ein Modell entwickelt, das für religiöse Minderheiten eine Garantie und eine Lösung ihrer Probleme bietet. Doch scheint das Modell des laizistischen Staates gegenwärtig nicht in allen politischen Systemen gleichermaßen akzeptiert zu sein. Alle politischen Regierungsformen müssen jedoch den religiösen Minderheiten jene grundlegenden Rechte garantieren, die durch internationale Erklärungen anerkannt sind.

Die Verantwortung der Staaten und der Religionen für die Verbreitung einer neuen Mentalität

Gewiß ist es vor allem die Aufgabe der Politik, Grundwerte und Grundrechte zu garantieren. Aber auch die Religionen haben in diesem Bereich ihre eigene und entscheidende Verantwortung. Ihre vornehmliche Aufgabe ist es, eine entsprechende neue Mentalität unter ihren Gläubigen zu prägen und sie zu befähigen, mit Andersdenkenden, insbesondere mit Minderheiten gut zusammenzuleben und einander zu respektieren. So geht es darum, den *Geist von Assisi* in jeder religiösen Tradition tief zu verinnerlichen und dabei die Wertschätzung der Gläubigen anderer Religionen als Wesensbestandteil des je eigenen Glaubens erfahrbarer zu machen. Der Prüfstein für den interreligiösen Dialog zwischen den Vertretern verschiedener Religionsgemeinschaften ist also nicht eine falsch verstandene Einheit, sondern die Fähigkeit, das interreligiöse Zusammenleben zu erhalten und Krisen und Konflikte zu vermeiden.

Die Ereignisse in *Jugoslawien* haben beispielhaft deutlich gemacht, wie schwierig es für die Religionsgemeinschaften sein kann, ein gemeinsames Terrain für gegenseitige Verständigung und Wege des Friedens zu finden. Bei dem Treffen von *Uomini e Religioni* in *Malta* 1991 wurde ein entsprechender Appell an die Vertreter der Religionen in *Jugoslawien* und weit darüber hinaus gerichtet. Die gegenwärtige Krise in *Jugoslawien* ist nicht nur ein politisches Problem. Sie ist mehr, sie ist eine spirituelle Herausforderung für die ganze Menschheit, sie stellt uns auf die Probe, ob wir bereit sind, mit Toleranz und gegenseitigem Respekt in Frieden und Gerechtigkeit zu leben.

So stellen Kriege und Konflikte für die Gläubigen aller Religionen eine besondere spirituelle Herausforderung dar. Alle gläubigen Menschen sind dazu aufgerufen, authentische Wege des Friedens zu finden. In einer Welt, in der es so viele Möglichkeiten gibt, Krieg zu führen, in der zahllose Grenzen die Menschen voneinander trennen und in der die Konflikte zwischen Nationen sich nicht verringern, muß die Verantwortung wahrgenommen werden, Brükken zu schlagen und Räume des Dialogs und der Begegnung zu schaffen. Religiöse Gemeinschaften, wie etwa *Sant' Egidio*, haben in diesem Sinne eine besondere Bedeutung und Verantwortung. Konkrete und wirksame Friedensarbeit darf kein Monopol weniger Staaten oder einzelner Gruppen sein. Groß ist die Verantwortung der Gläubigen aller Religionen, die Herzen ihrer Mitgläubigen zu entwaffnen und gegenseitiges Verständnis zu fördern.

In den *Erzählungen der Chassidim*, die *Martin Buber* gesammelt hat, kann man lesen, daß der *Rabbi Pinhas* die Sprachverwirrung der Völker auf folgende Weise erklärte: *Bevor die Völker den Turm*

erbauten, hatten sie alle eine gemeinsame heilige Sprache, und gleichzeitig hatte jeder seine eigene Sprache ... Die Strafe Gottes bestand darin, ihnen ihre heilige Sprache zu nehmen. Es war die Sprache der Verständigung unter den Völkern.
In der Tiefe der verschiedenen religiösen Traditionen finden die Gläubigen sicherlich keine neue gemeinsame Sprache im Sinne eines Esperanto, das für alle taugt. Doch sie können eine heilige Sprache entdecken, die Sprache des Gebetes. Diese macht es möglich, vom Menschen und seinem Schicksal zu sprechen, und zwar unabhängig vom Zeitgeist und von bestimmten Interessen. Damit diese heilige Sprache im Schweigen des Gebetes sich entwickeln kann, brauchen wir – wie ein Pionier des interreligiösen Dialogs einmal sagte – eine *geologische Geduld*.
Diese heilige Sprache zu entdecken ist das Ziel des Dialogs unter den Religionsgemeinschaften, sie bestimmt den Weg von *Uomini e Religioni*. Sie entsteht, wenn wir uns zum Gebet zusammenfinden und uns so im gegenseitigen Verständnis und in respektvoller Freundschaft aufeinander zu bewegen. In diesem Geist können sich Menschen des Glaubens in Demut dafür einsetzen, daß der Dialog in jeder Konfliktsituation an die Stelle des Kampfes tritt. Darin liegt die Weisheit der gläubigen Menschen, die jeden Tag mehr den Wert des Friedens erkennen und um so deutlicher die Klage der Völker hören, die keinen Frieden haben. Es ist jene Klage, die *Erasmus von Rotterdam* im Jahre 1517 ausspricht, wenn er den Frieden sagen läßt: *Wenn (die Menschen) mich ablehnen, berauben sie sich der Quelle jeden menschlichen Glücks und ziehen die Flut allen Unglücks auf sich*.

(Mailand 1993)

Alberto Quattrucci

Der interreligiöse Dialog und der Frieden

Die Beziehungen zwischen den verschiedenen Religionen waren im Lauf der Geschichte oft von Trennungen geprägt, doch hat es zugleich auch, unter jeweils unterschiedlichen kulturellen und geographischen Verhältnissen, durchaus intensive Bindungen gegeben. In unserem Jahrhundert hat jedoch der interreligiöse Dialog eine bemerkenswerte Dimension erreicht, was diejenigen, die in den Religionen geradezu die Verkörperung der Trennungen der Menschen untereinander sehen, oft vergessen.

Doch was heißt *interreligiöser Dialog* eigentlich? Sich geschwisterlich offen zu begegnen ist zwar grundlegend für den interreligiösen Dialog; dies reicht jedoch nicht aus. Es ist notwendig, in die Tiefe der je eigenen religiösen Tradition hinabzusteigen. Auf diese Weise wird ein gläubiger Mensch in seinem eigenen Glauben die Kraft und die Motivation finden, dem anderen wirklich zu begegnen. In der eigenen Religion wird er Kräfte des Friedens entdekken, die ihn befähigen, mit anderen Gläubigen zusammenzuleben, sich für den Frieden einzusetzen und ein besserer Mensch zu werden. Ein solcher Dialog führt nicht zum Kompromiß, zum Verzicht auf einen Teil der eigenen Tradition, sondern gerade in die eigentliche geistliche und ganz spezifische Dimension der eigenen Tradition. Hieraus entspringt der Impuls zur eigenen Erneuerung und zur Begegnung mit den anderen.

Vor allem die vergangenen beiden Jahrzehnte waren eine außerordentlich intensive Zeit der Begegnung zwischen Vertretern unterschiedlicher Religionen. Doch darf man nicht verschweigen, daß der interreligiöse Dialog dabei immer wieder an seine Grenzen gestoßen ist. Bestimmte religiöse Traditionen wollte und will man in ihrer Unterschiedlichkeit nicht antasten, um sie streng zu befolgen oder auch zu Recht zu bewahren. Dann wirken Unterschiede zwischen den religiösen Traditionen wie Trennungen, die immer die Gefahr in sich bergen, in Feindseligkeit umzuschlagen.

Unterschiedliche Wege – ein einziger Gott

An dieser Stelle soll an die Geschichte von *Abd-el Kader* erinnert werden, jenes großen Algeriers, der im Jahr 1830 sein Land gegen die französische Besatzung verteidigt hat und in französische Gefangenschaft geraten ist. Nach seiner Befreiung führte er ein geistliches Leben in *Damaskus*, und er wurde berühmt dafür, gleichzeitig ein spiritueller Mensch und ein mutiger Kämpfer zu sein. 1860 nahm *Abd-el Kader*, als die Christen von Damaskus sich einer Reihe von Massakern von seiten aufgewiegelter Bevölkerungskreise ausgeliefert sahen, alle Christen in seinen Schutz, ja er nahm sie sogar in sein Haus auf. Zu der gegen die Christen erzürnten Menge sagte er: *Im Koran steht: 'Keiner soll in der Ausübung seiner Religion beeinträchtigt werden'. Meine Brüder, was ihr tut, ist ein Wahnsinn*.
Dieser Emir, der von den Franzosen hart geschlagen worden war, rächte sich also nicht an den Christen, er beschützte sie vielmehr. Der Schatten des Religionskrieges seiner Zeit und seines Landes ist nicht auf ihn gefallen. Das aber kam aus der Tiefe seines religiösen Glaubens, aus seiner Vertiefung in den *Koran* und seiner Unterordnung unter Gott, wie aus seinen Schriften deutlich wird. *Abd-el Kader* kom-

mentiert die neunundzwanzigste Sure des Korans folgendermaßen: *Unser Gott und der Gott aller anderen religiösen Gemeinschaften ist in Wahrheit und in Wirklichkeit ein einziger Gott, so wie Er es in zahlreichen Versen gesagt hat: Er ist euer Gott! Er ist der eine Gott...*. Für *Abd-el Kader* bedeutet dies aber keine Vermischung und keinen Verzicht auf den eigenen Glauben; er spricht ausdrücklich auch davon, daß die Gläubigen anderer Religionen irren. Durch sein Leben als tiefgläubiger und wahrer Moslem erwächst in ihm jedoch der Respekt für den Glauben und das Leben der anderen Gläubigen. In seinem Glauben findet *Abd-el Kader* eine starke Kraft des Friedens und der Verständigung.

Einheit und Tiefe

Solidarität und Dialog zwischen Menschen unterschiedlichen Glaubens führen nicht zu einer Verringerung der Unterschiede, gleichsam zu einem Synkretismus auf der Suche nach einer Überreligion, sondern zu einer bewußten Vertiefung des je eigenen religiösen Weges. Synkretistische Modelle haben sich im Laufe der Zeit als religiös und menschlich zerbrechlich erwiesen. Nicht die oberflächliche Synthese ist es, die hier vereint, sondern die jeweils eigene Tiefe. Oft mißlingt der Dialog deshalb, weil wir in bezug auf unseren eigenen Glauben arm und ohne große Tiefe sind.

Die feindselige Auseinandersetzung mit gläubigen Menschen, die einer anderen Glaubensgemeinschaft angehören, zeugt von einem Mangel an geistlicher Tiefe und an Bereitschaft, den eigenen religiösen Weg entschieden zu gehen und den eigenen Reichtum an Energien auszuschöpfen. Wenn wir großen

religiösen Persönlichkeiten begegnen, denen es gelungen ist, sich weit für andere zu öffnen und einen Weg des Friedens einzuschlagen, so treffen wir nicht auf Synkretisten, die jenseits ihrer Tradition von jedem irgend etwas übernehmen und auf eine originelle Synthese, gar mit ihrer eigenen Person im Zentrum, aus sind. Die Einzigartigkeit solcher religiösen Persönlichkeiten hat ihren Grund in der jeweiligen geistlichen Tiefe ihrer Religion, in der sie die Kraft zum Verständnis, zum Frieden und zur Überwindung von Grenzen finden.
Mahatma Gandhi, eine der beeindruckendsten Persönlichkeiten unseres Jahrhunderts, schöpfte tief aus der reichen Quelle des *Hinduismus: Wenn ein Mensch den Kern seiner eigenen Religion erfaßt*, sagte er, *dann hat er auch den Kern der anderen Religionen erfaßt*. Hier drückt ein Mensch auf demütige Weise aus, wie er voll Sympathie die anderen religiösen Traditionen als – wie er sagt – *unsere engen Verwandten* entdeckt hat. Einem Christen, der sich fasziniert von der Lektüre der *Bhagavad Gita* zeigte und seinem Wunsch Ausdruck verlieh, Hindu zu werden, weil er in der Bibel keine Antwort gefunden habe, antwortete er: *Sie haben sich nicht darum bemüht, sie zu entdecken. Nehmen Sie diese Anstrengung auf sich und seien Sie ein guter Christ*. Und er fügte hinzu: *Als Ihr echter und treuer Freund kann ich nur wünschen und dafür beten, daß Sie in Ihrem eigenen Glauben leben und zur Vollendung gelangen mögen*.

Neue Energien

In den unterschiedlichen religiösen Traditionen sind somit Energien vorhanden, die zu Verständnis, Frieden und Dialog beitragen. Oft sind diese Kräfte geringgeachtet worden, weil die Gläubigen selbst ein zu wenig verantwortungsvolles und zu wenig spirituelles Leben geführt haben. In unserem Jahrhundert ist jedoch eine Umkehrung dieser Tendenz festzustellen, vor allem seit dem Zweiten Weltkrieg. Anläßlich der dritten Internationalen Begegnung für den Frieden in Warschau stellte *Pietro Rossano* fest, daß bei den religiösen Menschen das Bewußtsein für soziale Verantwortung gewachsen und gestärkt worden sei. *Es ist das Bedürfnis gewachsen, sich auf konkrete Weise dem Dienst an den Menschen zu widmen, und es ist der Wille gewachsen, für den sozialen Fortschritt zu arbeiten und sich aufrichtig für den Frieden einzusetzen. Das Leid, das unseren Planeten wie eine Flutwelle überschwemmt hat, hat nach dem Krieg viele religiöse Menschen von einer gewissen Trägheit, von leeren Ritualen und falscher Frömmelei befreit und sie auf verschiedene Weise angespornt, ihre spirituellen Kräfte für den Wiederaufbau einer sozialen Ordnung einzusetzen.* Zu dieser Bewegung gehört das Friedensgebet von *Assisi*.

Im Geist von Assisi

Die Intuition des *Friedensgebetes von Assisi* ist sehr einfach. Grundlegend geht es darum, die Gläubigen der verschiedenen Religionen zusammenzuführen, damit sie für den Frieden beten. *Papst Johannes Paul II.* sagte: *Die Tatsache, daß viele Religionsführer zusammenkommen, um zu beten, ist aus sich heraus eine Einladung an die Welt, sich bewußt zu werden, daß es eine andere Dimension des Friedens gibt und einen anderen Weg, ihn herbeizuführen, nämlich nicht als Resultat von Verhandlungen, von politi-*

schen oder wirtschaftlichen Kompromissen ... Diese Dimension des Friedens hat ihren Ursprung im Gebet, das in der Unterschiedlichkeit der Religionen eine Verbindung zu einer höheren Macht ausdrückt, die unsere religiösen Möglichkeiten übersteigt.

Denkt man an die jüngste Vergangenheit, so haben die großen Religionen bei den Veränderungen auf internationaler Ebene eine nicht unwesentliche Rolle gespielt. Sie sind angesichts der Probleme der menschlichen Freiheit, des Friedens und der Gerechtigkeit nicht passiv und inkompetent geblieben. Diese Rolle wurde jedoch noch nicht voll ausgefüllt und in all ihren Möglichkeiten entfaltet.

Die bewußte Wahrnehmung der Probleme stellt uns alle in eine noch größere Verantwortung für die Welt. Wir sind Zeugen vielfältiger Umbrüche im Leben unserer Gesellschaften. Die Frage, die wir uns stellen müssen, lautet: Was können und müssen wir als religiöse Menschen heute tun?

Die schwache Kraft der Religionen

Die Religionen haben keine eigene Macht. Wir haben dies in dramatischen Momenten gesehen und sehen es noch heute – denken wir an den Golfkrieg und an die derzeitige Situation auf dem *Balkan*. Wir entdecken, wie schwach wir als gläubige Menschen sind.

Die Religionen haben keine militärische Potenz, sie verfügen über keine großen wirtschaftlichen Möglichkeiten. Somit haben sie nichts von dem, was normalerweise die Stärke eines Landes ausmacht, was Grundlage für eine Politik sein kann. Man kann dies als schmerzhaft empfinden. Man kann auch als religiöser Mensch die Macht suchen. Dabei riskiert man jedoch, arrogant zu werden, die Großen dieser Welt nachzuahmen und so die eigenen Dimensionen zu verlieren, um schließlich als eine schlechte Kopie der gesellschaftlichen und politischen Größen lächerlich zu werden. Wir glauben, daß es ehrlicher ist, die Schwäche der Religionen in dieser Hinsicht einzugestehen, und uns selbst und anderen nichts vorzumachen. Und doch sind wir davon überzeugt, daß den Religionen eine ihnen eigene Energie innewohnt, eine Kraft, die anderer Natur ist als die Macht dieser Welt. Es ist wahr, diese Kraft kann nicht sofort in Zahlen übersetzt werden, sie läßt sich nicht in Geldwert umrechnen, sie ist nicht mit militärischer Stärke zu vergleichen. Doch Stärke besteht nicht nur aus solchen Dingen. Jedes Mal, wenn in der Geschichte gläubige Menschen verachtet und mit Füßen getreten wurden, zeigte sich zwar eine äußere Schwäche gegenüber der Gewalt, aber auch ihre große Stärke und ihre Fähigkeit, Entbehrungen und Leid zu ertragen. Gläubige Menschen waren immer in der Lage, einen hohen Preis zu zahlen, um ihrem Glauben treu zu bleiben. Ist dies nicht eine Art von Kraft? Angesichts der moralischen Zerstörung, die durch Kriege und politische Konflikte verursacht wurde, angesichts der schmerzhaften Erfahrungen beim Zusammenbruch ideologischer Systeme und angesichts der großen Leere, die sich in allen Gesellschaften ausbreitet, zeigt sich die Kraft des Glaubens, der Religionen. Der Glaube gibt Mut zum Leben, er hilft, nicht aufzugeben, sondern zu hoffen, er tröstet und richtet auf.

Eine neue Jahreszeit

Von Beginn unseres Weges an, seit den Begegnungen in *Rom, Warschau, Bari, Malta und Brüssel* bis in *Mailand*, war eines deutlich: Wir kommen nicht zusammen, um Unterschiede zu verwischen, um unseren Glauben und den anderer Mitgläubiger respektlos miteinander zu vermengen. In der Treue zu unserer je eigenen religiösen Tradition haben wir auf unserem Weg eine Gemeinsamkeit entdeckt: Wir konnten die *schwache Kraft* der Religionen erkennen.

Wir haben entdeckt, daß wir auf unterschiedlichen Wegen, mit unterschiedlicher Spiritualität in unseren jeweiligen Gemeinschaften auf denselben Punkt, dasselbe Ziel zugehen, nämlich auf Ihn, der jenseits von uns selbst ist. Im Anschluß an *Assisi* sind unsere Begegnungen allein mit dem Ziel entstanden, für den Frieden zu beten, einer neben dem anderen. Aus diesem Willen, aus dieser Atmosphäre des Gebets heraus ist eine Freundschaft und eine menschliche, spontane, religiöse Solidarität entstanden, wie sie Menschen entspricht, die die Meditation der heiligen Schriften zur Mitte ihres Lebens gemacht haben.

Diese Atmosphäre übt ihre Anziehungskraft auf viele aus, sie überwindet das Mißtrauen unter uns, das im Laufe der Geschichte entstanden ist, sie öffnet neue Wege für eine gemeinsame Suche.

Wir glauben, daß es in der heutigen Welt gerade für die Religionen große neue Möglichkeiten gibt, und daß ihr Wort notwendiger ist denn je. Diese Möglichkeiten in der Welt eröffnen sich dann, wenn die Religionen es verstehen, sie selbst sein zu können, in Treue zu ihren Traditionen, ohne Angst vor einer weithin materialistischen Kultur.

Man hat den Eindruck – und er wird durch viele Tatsachen bestätigt –, daß im Umkreis dieser Begegnungen in den vergangenen Jahren Schritt für Schritt ein Netz von Freundschaft und Solidarität in verschiedenen Teilen der Welt enstanden ist. Es gibt uns Erfüllung, der Freundschaft und dem gegenseitigen Verständnis dienen zu können, diesem unserem Frieden, dem größeren Frieden in der Welt. Dafür sind wir allen dankbar, vor allem unseren treuen Freunden. Auf diesem Weg können wir trotz aller verbleibenden Schwierigkeiten die Zeichen für eine neue Ära in den Beziehungen zwischen den Religionen nicht übersehen.

(Mailand 1993)

Hanns Kerner

Zehn Jahre Konferenzen von »Uomini e Religioni«. Gedanken eines Freundes der Gemeinschaft

Es ist eine große Ehre für mich, als einer der jüngeren Freunde der Gemeinschaft einige Gedanken und Erfahrungen von den bisherigen Konferenzen mit Ihnen zu teilen. Vieles, was ich auf diesen Treffen gehört, diskutiert und erlebt habe, hat meinem Arbeiten und dem Nachdenken in unserer Kirche wichtige Impulse gegeben. Viele Menschen sind in den vergangenen zehn Jahren mit auf den Pilgerweg des Friedens genommen worden. In dieser kurzen Zeitspanne wurde dabei eine gewaltige Wegstrecke der Friedensbemühungen zurückgelegt. Erhebliche Wirkungen und Ergebnisse konnten erzielt werden. Aus den vielen persönlichen Eindrücken streiche ich vier Grundpfeiler heraus, die die Friedensarbeit von *Sant' Egidio* aus meiner Sicht so wichtig machen:

1. Der Versöhnungsauftrag

Es ist bestimmt kein Zufall: Die Konferenzen von *Sant' Egidio* beginnen mit einem Gottesdienst. Christen verschiedener Konfessionen treffen sich zum gemeinsamen Gebet. Das Gebet zum dreieinigen Gott steht am Anfang der Arbeit. Das Evangelium wird verlesen, gehört und auf die bevorstehende Aufgabe hin ausgelegt. Gott wird gelobt, ihm wird gedankt und sein Segen für die Konferenz erbeten. Die Erdung des Denkens, Redens und Handelns geschieht im Himmel. Es wird deutlich: Hier kommen Menschen aufgrund eines gemeinsamen Auftrags zur Friedensstiftung zusammen, nicht wegen der zufällig gleichen Ziele oder wegen des politischen Kalküls. Es ist sicher kein Zufall, daß die Treffen von *Sant' Egidio* einen spirituellen Ausgangspunkt haben, sondern es gehört zu den Charakteristika der Gemeinschaft, wie ich sie kennengelernt habe. Diese feste spirituelle Beheimatung in der eigenen römisch-katholischen Tradition führt nun nicht in die Selbstgenügsamkeit und Enge, sondern in die Weite und zum Handeln. Diese auf fester Grundlage gewonnene Offenheit befreit dazu, die anderen Religionen in ihren vielen gestaltgewordenen spezifischen Ausprägungen einzuladen, sie wahrzunehmen und sich mit ihnen auszutauschen. Wenn ich hierher komme, komme ich also in einen geistlich geprägten, lebendig gefüllten Raum, der offen, einladend und von Gastlichkeit geprägt ist. Der Antrieb für die Schaffung dieses Raumes für den Dialog ist dabei eine tiefe, an der Bibel orientierte Spiritualität, die den Auftrag zur Versöhnung und Friedensstiftung ernst nimmt. Das Engagement für den Frieden im Geist einer gleichberechtigten Verständigung prägt diese Treffen also von Beginn an. Nur in einem solchen Raum wird deutlich, daß jede Religion in ihren vielfältigen spirituellen Erscheinungsformen zu einer geistlichen Bewältigung der Probleme herausgefordert ist, die dem Frieden in unterschiedlichsten Formen entgegenstehen.

2. Die Religionen und ihr Auftrag zur Weltgestaltung

Zu allererst führt *Sant' Egidio* natürlich Vertreter verschiedener Religionen zusammen. Von Signalwirkung ist aber, daß bei der Eröffnungsveranstaltung

stets ein bedeutender Politiker die Hauptrede hält. Wenn es um das Wirken der Religionen in den politischen Bereich hinein geht, dann braucht man auch den Dialog mit der Politik. Hierbei ist es wichtig zu hören und wahrzunehmen, was bedeutsame Politiker zu sagen haben. Dabei macht es keinen Unterschied, welcher Religion der betreffende Politiker angehört. Gerade auch mit denen, die überhaupt keiner Religion angehören, sind der Dialog und die Kooperation wichtig. Die Friedensbemühungen der Religionen können sich eben nicht nur auf den religiösen Bereich beschränken, sondern ragen zutiefst ins Feld der Politik. Das wird hier vermittelt.
Besonders eindrücklich war für mich der tiefsinnige Vortrag von *Michail Gorbatschow* in *Mailand*. Er hat aufgezeigt, wie wichtig die Religion für ein tragfähiges und friedliches Miteinander ist. Er hat von der Notwendigkeit der Umkehr der Herzen gesprochen. Hier sehe ich auch einen wichtigen Beitrag dieser Konferenzen für unsere Gesellschaften. Sie rufen auf zur Umkehr auf den Weg zum Frieden. Sämtliche Teilnehmer werden spätestens an diesem Punkt der Konferenz gefragt, welchen Beitrag ihre Religion für eine zukunftsfördernde, menschengerechte Zukunft leistet. Überdeutlich wird, daß die Religionen gemeinsam gefordert sind. Wir stehen vor globalen Herausforderungen, die in traditioneller Machtentfaltung der Religionen in ihren angestammten Räumen längst nicht mehr gelöst werden können.

3. Die Förderung des Dialogs der Religionen

Jede Konferenz ist geprägt durch einen intensiven geistigen Austausch. Der inhaltliche Dialog der Religionen stellt dabei das Herzstück dar. Hier bietet sich eine hervorragende Gelegenheit, die unterschiedlichen Lehren der Religionen gegenseitig kennenzulernen. Dabei wird deutlich, welch unterschiedliche Lehrtraditionen in den einzelnen Religionen selbst vorhanden sind. Es werden erstaunliche Gemeinsamkeiten in den Lehren der Religionen entdeckt, aber auch Aporien und Gegensätze aufgezeigt. Wo stimmen die Ansätze, wo stimmen die Wege, wo stimmen die Zielsetzungen miteinander überein? Es sind zumeist konstruktive Fragestellungen, die verhandelt werden. Zugleich werden aber auch die Probleme offen besprochen, die gemeinsames Handeln für den Frieden behindern oder gar unmöglich machen. Ich nenne hier nur die verschiedenen Spielarten des Fundamentalismus. Die geopolitischen Probleme werden bedacht, die politischen Rahmenbedingungen des Friedens nicht außer acht gelassen. Auch wenn die Fragestellungen weit über die Friedens- und Versöhnungsproblematik hinausgehen, so kommen sie doch immer wieder darauf zurück. Die verschiedenen Konzeptionen zur Friedensförderung in den Religionen haben ein ganz besonderes Augenmerk erhalten.

Bedeutsam und in vielen Fällen auch sehr wirkungsvoll war das Zusammenführen von Vertretern verschiedener, sich kriegerisch gegenüberstehenden Konfliktparteien bei den Konferenzen. Wichtige Impulse konnten hier gegeben werden. Allerdings scheinen die Grenzen der Machbarkeit gerade an solchen Punkten ab und an schmerzlich auf. Demgegenüber leuchtet aber die unermüdliche und in Bewegung setzende Hoffnung und der ungebrochene Wille zur Versöhnung bei *Sant' Egidio* um so deutlicher.

Nicht vergessen werden soll im Dialog der Religionen das persönliche Gespräch. Die Ebene der zwischenmenschlichen Beziehungen beeinflußt auch immer die Inhalte und Ergebnisse. So wird für das persönliche Gespräch viel und guter Raum gegeben und ein angenehmes Ambiente dazu geschaffen. Die abendlichen Empfänge und die gemeinsamen Essen fördern die Verständigung zwischen den Vertretern der Religionen mindestens ebenso wie das Gespräch am runden Tisch.

4. Die Religionen setzen Zeichen des Frieden

So gerne ich persönlich den Dialog führe, so wird doch das Wichtigste für mich beim Abschluß der Konferenzen deutlich. In einem Gottesdienst beten die Christen verschiedener Konfessionen für den Frieden. Gleichzeitig wissen wir, daß auch die Gebete um Frieden bei den anderen Religionen jeweils in ihrer eigenen Tradition zum Himmel steigen. Hier geschieht kein Religionsmix, und das ist bedeutsam. Noch wichtiger allerdings ist, daß wir uns nach unseren Gebeten zum Austausch des Friedensgrußes treffen und miteinander auf den Weg zur Abschlußkundgebung machen. Miteinander ein Stück gemeinsamen Weges für den Frieden gehen: Das ist es, was die Menschheit braucht. Die verschiedenen Vertreter der Religionen machen dies zeichenhaft vor. Und dieses gemeinsame Sich-auf-den-Weg-für-den-Frieden-Begeben mündet dann organisch in eine Selbstverpflichtung. Es wird deutlich: Was wir hier tun, das ist nichts Beliebiges. Es ist vielmehr ein Kernauftrag unserer Religionen. Die Abschlußbotschaften der Konferenzen machen deutlich: Die gemeinsame Verantwortung für die

Welt, für die Schöpfung, für die Kreatur wird von den Religionen wahrgenommen. Kriegführende Parteien und Völker werden aufgerufen, die Waffen niederzulegen und den Dialog bzw. die Verhandlungen über einen Friedensschluß aufzunehmen. Die anwesenden Vertreter der verschiedenen Religionen verpflichten sich, politische Konflikte nicht auch noch durch religiöse Agitation zu schüren, sondern dem Versöhnungsauftrag gerecht zu werden. Es ist das große Verdienst von *Sant' Egidio*, daß hier die Vertreter der verschiedenen Religionen die geistliche Herausforderung annehmen, für Frieden und Gerechtigkeit in gegenseitiger Achtung und Toleranz einzutreten. Wenn wir miteinander symbolisch die Kerzen für den Frieden anzünden, dann leuchtet für mich auch die christliche Hoffnung. Es wird nach außen sichtbar durch die Konferenz von *Sant' Egidio*: *Der Glaube an Gott ist eine Kraft zur Versöhnung der Welt.*

(Florenz 1995)

II. Die Religionen als friedensstiftende Kraft

Vertreter der Weltreligionen bei der Friedensprozession, Mailand 1993

Carlo M. Martini

Gebete zu Gott aus jedem Land der Erde

Hiermit möchte ich im Namen der ambrosianischen Kirche alle aufs herzlichste begrüßen, die zu dieser *VII. internationalen Begegnung für den Frieden* mit dem Titel *Erde der Menschen – Gebete zu Gott* gekommen sind. Und dies drücke ich mit unserem traditionellen liturgischen Gruß aus: *Friede sei mit euch! Pace a voi! Shalom! Salam! Pax! Irini pasi! Peace! Vrieden! Paz! Paix! Mir! Ich wünsche den Frieden für die Menschen dieser Welt.*

Die Kirche von *Mailand* freut sich, Vertreter aller großen Religionen der Erde begrüßen zu dürfen. Sie bringen uns das Zeugnis der jahrtausendealten Wege der Religionen durch die Geschichte der Menschheit und lassen uns so den göttlichen Atem spüren, der die Welt durchzieht. Sie helfen uns, jene spirituelle Sehnsucht wahrzunehmen, die die Menschheit im Innersten bewegt, und sie verbinden sich mit uns im Gebet, in der Bitte an Gott um das Geschenk des Friedens.

Heute findet die Taube von *Noah* auf unserem zerbrechlichen Ölzweig Ruhe. Der Wind aus *Jerusalem* und *Jericho* bringt den Mantel des *Elia* zu uns. Die Bundeslade schlägt mitten unter uns ihr Lager auf. Die Wasser des *Jordan* ergießen sich wie ein frischer Quell in unsere Herzen, die Wege religiöser Weisheit aller Völker vereinen sich hier zu einem einzigen großen Pilgerweg und schöpfen Kraft für die entscheidende Reise zum heiligen Berg und zur heiligen Stadt.

Danke, liebe Gäste und Pilger des Absoluten. Danke, daß Sie hierher gekommen sind. Ein Gruß und ein besonderer Dank gilt den verehrten Rednern dieses heutigen Eröffnungsabends, vor allem dem Präsidenten von *Uomini e Religioni*, Seiner Eminenz *Kardinal Jòzef Glemp*, dem Primas von Polen, sowie dem Generalsekretär der Akademie für islamisches Recht an der Universität von Djidda, *Prof. Mohammed Habib Belkhodja*, Seiner *Heiligkeit Zakka I. Iwas*, dem syrisch-orthodoxen Patriarchen von Antiochien und des gesamten Orients, dem *Oberrabbiner von Israel, Israel Meir Lau*, sowie dem Präsidenten der *Gorbatschow-Stiftung*, Herrn *Michail Gorbatschow*. Wir bitten den Gott des Friedens, daß Ihre Anwesenheit und Ihre Worte den Friedensbemühungen, die in diesen Tagen den Himmel über *Jerusalem* wieder aufhellen, ihr Siegel aufdrücken, und daß sie es uns ermöglichen, einen Regenbogen der Versöhnung auch in den Ländern *Osteuropas*, in *Somalia* und in all den anderen Ländern wahrzunehmen, die den Frieden erbitten.

Wir sind davon überzeugt, daß mit der Anwesenheit der zahlreichen bedeutenden Gäste, die in diesen Tagen sprechen und beten werden, von dieser Stadt *Mailand* ein deutliches Zeichen des Dialogs, der gegenseitigen Gastfreundschaft, der Toleranz und der Zusammenarbeit bei allen großen ethischen und gesellschaftlichen Problemen ausgehen wird. Vor allem aber geht von hier eine große Fürbitte, eine alle verbindende Anrufung Gottes, ein tief empfundenes Gebet aus. Allen großen Religionen ist die Bedeutung des Gebetes gemeinsam, auch wenn sie es auf unterschiedliche Weise ausüben und leben. Alle großen Religionen der Welt besitzen – wenn auch in verschiedener Ausprägung – Gemeinsamkeiten in wichtigen Bereichen des Denkens und des Verhaltens. Hierzu gehört vor allem die Bezogenheit auf eine transzendente Realität und die Wahrnehmung ihrer Immanenz im menschlichen Herzen, die

Sehnsucht nach einer höchsten Schönheit, Wahrheit, Güte und Gerechtigkeit, aus der sich eine Ethik herleitet, die Mitleid, Barmherzigkeit und Liebe zum Nächsten umfaßt, auch wenn dieser Nächste fern und anders, ja sogar ein Feind ist.

In diesem Sinne sind die Religionen eine ganz besondere Macht des Friedens. Wenn sie in die Tiefe der ihnen jeweils ureigenen Erfahrung gehen, entdecken sie, daß sie zum Dialog und zum gegenseitigen Zuhören fähig sind, daß sie die Geschwisterlichkeit unter den Menschen fördern und zur Überwindung der trennenden Mauern beitragen können. Die Tatsache, daß sie sich heute abend hier in *Mailand* begegnen, sagt uns, daß die ethnischen Abgrenzungen keine Zukunft haben, denn es ist so, wie die Heilige Schrift uns dies in der Erzählung von *Joseph* berichtet: Als die Söhne Jakobs zusammenkamen und sich als Brüder dessen erkannten, den sie töten wollten, gab es keinen Raum mehr für den Haß, sondern nur noch für Reue und Vergebung.

Wenn man sich wirklich bewußt wird, einen gemeinsamen Vater zu haben, ist die Voraussetzung für eine geschwisterliche Umarmung geschaffen. Was wir bei einem Anlaß wie dem heutigen erleben, ist die Wiederentdeckung dieses außergewöhnlichen Wirkens des Friedens, der uns aus unserem Glauben und unserer Hoffnung erwächst.

In den Friedensprozessen, die derzeit in unterschiedlichen Teilen der Welt in Gang gekommen sind, können und müssen die Religionen eine große Aufgabe erfüllen. Sie sind in der Lage dazu, Brücken zwischen einzelnen Menschen und Völkern zu bauen. Ihre Kraft, unsere Kraft ist schwach und hat nichts zu tun mit der Macht der Waffen oder der wirtschaftlichen Systeme. Es ist eine Kraft, die den Menschen von innen heraus verändert, damit er

Gott nachahmt und gerecht und barmherzig wird. Es ist eine Kraft, die nicht von den Menschen kommt, sondern aus der Höhe, und die wir in diesen Tagen auf unsere Schwachheit herabrufen.

Die Religionen haben in ihrer Armut den Reichtum einer universalen Inspiration. Gerade weil sie schwach sind, müssen sie niemandem Angst einjagen, sondern können zu jedem mit dem offenen Gesicht und dem offenen Herzen eines Freundes sprechen. Wenn Religionen ihrer ursprünglichen Berufung und ihren Gründern treu sind, so besteht ihre Kraft in ihrer Freiheit gegenüber den großen Interessen, von denen die menschliche Gesellschaft beherrscht ist.

Von *Papst Johannes XXIII.*, jenem großen Arbeiter für den Frieden, der vor dreißig Jahren kurz vor seinem Tod die Enzyklika *Pacem in terris (Frieden auf Erden)* schrieb, stammen folgende Worte: *Jeder gläubige Mensch in dieser unserer Welt muß ein Lichtstrahl sein, ein Mittelpunkt der Liebe, ein lebensschaffender Sauerteig in der Menge, und er wird es um so mehr sein, je mehr er innerlich in Gemeinschaft mit Gott lebt.*

Diese unsere Erde, auf der wir leben, ist voll von Ungerechtigkeit und Gewalttätigkeit. Sie ist ein umkämpfter geographischer Raum, auf dem das Zusammenleben an vielen Orten schwierig ist – in politischer, ethnischer und auch religiöser Hinsicht. Sie ist ein Planet, der dabei ist, sich selbst zu zerstören, dessen Gleichgewicht immer mehr durch den Raubbau an der Natur und die Umweltverschmutzung gestört wird. Diese Erde der Menschen hat schwere Lasten zu tragen, die den Blick auf den Himmel zu verstellen drohen. Und doch ist es diese in Nebel gehüllte Erde, von der die Gebete zu Gott hinaufsteigen und auf die ein Strahl des Lichts aus der Höhe fällt. Die Religionen sind diese Lichtstrahlen, sie reinigen die Erde, sie machen sie leichter und lebenswerter, sie geben dem, dessen Gesicht von Angst, Aufregung und Trauer gezeichnet ist, die Kraft, in die Höhe zu schauen und zu hoffen.

In einer Zeit, die davon geprägt ist, daß der Mensch um jeden Preis materiellen Gütern nachjagt, ist es die Aufgabe der Religionen – so sagte im vergangenen Jahr in *Brüssel Kardinal Danneels* – den Blick auf den letzten Horizont des Menschen zu richten, auf einen Horizont, der weiter und anders beschaffen ist als der nationale oder wirtschaftlich-politische, der in letzter Instanz die Lebensweise auf der Erde bestimmt und die Maßstäbe für das Verstehen und Hoffen gibt.

Mögen unsere Gebete in diesen Tagen Tore und Wege der Hoffnung für Milliarden von Männern und Frauen öffnen, von alten Menschen, Kindern, Armen, Kranken, deren Leben auf der Erde zu hart ist, zu mühevoll, zu schmerzlich, zu sehr bedroht durch Krieg und Hunger. Der Gott des Friedens sende seinen Geist mitten unter uns und mache uns zu demütigen und beständigen Betern und zu Zeugen des Friedens.

(Mailand 1993)

Kardinal Martini begrüßt Idriss Ishaq Sakouta, Mitglied des Rates der Islamischen Weltliga In der Mitte Don Vincenzo Paglia von der Gemeinschaft Sant' Edgidio Mailand 1993

Zakka I. Iwas

Die Kraft der Religionen

Seit den Anfängen der Menschheit war und ist die Religion das wichtigste bestimmende Prinzip für das private und öffentliche Leben des Menschen und für die Beziehung zwischen dem Menschen und Gott sowie der ganzen Schöpfung. Unter Religion verstehe ich nicht die äußerlichen Bräuche, die religiösen Pflichten und Vorschriften oder die von den Menschen praktizierten Riten, welchen Glaubens sie auch seien. Auch wenn solche Bräuche, Riten und Pflichten die religiösen Vorstellungen zum Ausdruck bringen, besteht die Gefahr, daß sie mit der Zeit zu leeren Worten und Praktiken werden, die der Kraft und des Geistes der Frömmigkeit entbehren und so nicht in das Herz, in den Geist und in das Bewußtsein der Menschen gelangen. Die tatsächliche Kraft der Religionen offenbart sich in der Lebensweise des Menschen, in seinem Bemühen, gemäß dem Willen Gottes, des Höchsten, des Schöpfers der Welt, zu leben und das Gewissen lebendig und rein zu halten. Dazu erhebt sich die menschliche Seele zur Anbetung, und so wird der Charakter des Menschen ehrlich und aufrecht und entfernt sich von Heuchelei und Falschheit.

Die Geschichte zeigt, daß der Mensch versagt, wenn er bestrebt ist, die Glückseligkeit auf Erden zu erlangen, wenn er keine feste Beziehung, keinen Frieden mit seinem Schöpfer aufbaut, der allein das wahre Glück geben und der allein die Leere im Herzen des Menschen füllen kann. So gehören Religion und Ethik untrennbar zusammen. Wenn das menschliche Herz vom Geist Gottes erfüllt ist, dann beherrscht inneres Glück das Leben des Menschen, und die Seele ist voller Freude, trotz aller äußeren Schwierigkeiten, Erschütterungen und Unsicherheiten.

Die Religion zeigt sich im Konkreten

Die Kraft der Religion offenbart sich also im guten Verhalten, das ein Ausdruck der Reinheit des Herzens und der Unterordnung des menschlichen Willens unter den göttlichen Willen ist. Sie gibt dem Menschen den Mut, Gott mit den Worten anzurufen: *Dein Wille geschehe wie im Himmel so auf Erden; nicht mein, sondern dein Wille soll geschehen*. Dies ist nicht leicht, man denke nur an den inneren Kampf, den der *Apostel Paulus* mit den Worten beschreibt: *Ich weiß, daß in mir, das heißt in meinem Fleisch, nichts Gutes wohnt; das Wollen ist bei mir vorhanden, aber ich vermag das Gute nicht zu verwirklichen. Denn ich tue nicht das Gute, das ich will, sondern das Böse, das ich nicht will* (Röm 7,18ff.). Es kann kein Zweifel sein, daß gesunde und gute religiöse Institutionen dem Menschen helfen, seine hohen Ideale zu verwirklichen, seinen Charakter zu verbessern und sich von der Sünde zu befreien. Sie ermutigen ihn dazu, den Kampf gegen das Böse zu führen, indem sie ihm den Lohn für die Sieger im geistlichen Kampf aufzeigen. Der *Apostel Paulus* nennt diesen Lohn einen *unvergänglichen Siegeskranz* (1 Kor 9,25), einen Kranz der Gerechtigkeit, einen Kranz, der im Himmel durch den gerechten Gott übergeben wird, als wertvoller Preis für den, der den Himmel auf Erden gelebt hat. Es ist ein Preis, der zusammen mit dem inneren Glück übergeben wird, das der Mensch auf der Erde als Frucht der Unterordnung seines Willens unter den Willen

Gottes erhält. Auf diese Weise wird das Leben des Menschen zu einer Verherrlichung Gottes, des Höchsten, wie *Christus* sagt: *So soll euer Licht vor den Menschen leuchten, damit sie eure guten Werke sehen und euren Vater im Himmel preisen* (Mt 5,16).

Die Liebe ist die wichtigste Tugend

Die Liebe vereint uns mit Gott. Der *Apostel Johannes* sagt dies mit den Worten: *Gott ist Liebe* (1 Joh 4,8). Die unendliche Liebe Gottes ist die Kraftquelle der Religion und ihrer Wirksamkeit in der menschlichen Gesellschaft. Wir lieben Gott, unseren Schöpfer, der sich darum sorgt, was wir essen und womit wir uns kleiden sollen. Er aber hat uns zuerst geliebt, er hat uns als sein Ebenbild geschaffen und zu weisen Kreaturen gemacht, ausgestattet mit der Fähigkeit zu sprechen und mit einem freien Willen. Er hat uns aufgetragen: *Darum sollst du den Herrn, deinen Gott, lieben mit ganzem Herzen und mit ganzer Seele, mit allen deinen Gedanken und all deiner Kraft. Als zweites kommt hinzu: Du sollst deinen Nächsten lieben wie dich selbst* (Mk 12,30–31). Unsere Liebe zu Gott wird offenbar in unserer Liebe zum Nächsten, wie der *Apostel Johannes* sagt: *Wenn jemand sagt: 'Ich liebe Gott' aber seinen Bruder haßt, der ist ein Lügner. Denn wer seinen Bruder nicht liebt, den er sieht, kann Gott nicht lieben, den er nicht sieht. Und dieses Gebot haben wir von ihm: Wer Gott liebt, soll auch seinen Bruder lieben* (1 Joh 4,20–21).
Unsere Liebe zu Gott und zum Nächsten erweist sich in den Werken der Barmherzigkeit, die wir tun, seien sie spiritueller oder sozialer Art. Das Gleichnis vom barmherzigen Samariter zeigt uns die wahre

Liebe des Menschen zu seinem Bruder, ohne Unterschied der Religion, Rasse, Konfession, Hautfarbe oder Sprache.

Mit diesem Gleichnis führt uns der Herr *Jesus Christus* von theoretischen Worten über die Liebe hin zum Kern, dazu, daß das Leben eines Menschen überraschend gerettet wird, der von seinen menschlichen Brüdern überfallen, ausgeplündert, geschlagen, schwer verwundet und halbtot liegengelassen worden war. Das Gleichnis zeigt uns in den Personen des Priesters und des Leviten die offensichtliche Gleichgültigkeit im Leben derer, die die Religion vertreten, sich jedoch vom rechten Weg entfernt haben. Der *Apostel Paulus* beschreibt sie folgendermaßen: *Den Schein der Frömmigkeit werden sie wahren, doch die Kraft der Frömmigkeit werden sie verleugnen* (2 Tim 3,5). Der Samariter, der von der Gesellschaft verachtet wurde, hat mit seinen guten Werken bewiesen, daß er Gott fürchtet und das Wesentliche der Religion kennt; er ist dem Menschen, der in die Hände der Räuber gefallen war, zu Hilfe gekommen, hat ihn auf seinem Esel zu einer Herberge gebracht, hat für ihn bezahlt und darum gebeten, ihn möglichst gut zu behandeln. Aus diesem Grund verdient es der Samariter, barmherzig genannt zu werden.

Von daher überrascht es nicht, daß weltweit religiöse Gesundheits- und Wohltätigkeitsorganisationen Kranke und Bedürftige pflegen, ohne deren Identität und Einstellung zu kennen. Dies ist eine Frucht des Einflusses der Religion auf die menschliche Gesellschaft.

Zu den höchsten religiösen Lehren, die der Menschheit über die Beziehung zwischen Mensch und Gott gegeben sind, gehört der Satz: *Gott ist unser Vater und wir sind seine Kinder*. Die Bezeichnung *Vater*, mit der wir Gott anreden, kann von keiner anderen übertroffen werden. Sie umfaßt alle Bedeutungen der Liebe, der Zärtlichkeit, des Opfers und der Entsagung, und sie stärkt in uns die Erkenntnis der Namen Gottes, unseres himmlischen Vaters, der uns als sein Ebenbild geschaffen hat (vgl. Gen 1,26–27). Unser Herr *Jesus Christus* hat uns gelehrt, Gott unseren Vater zu nennen, indem er sagte: *So sollt ihr beten: Unser Vater im Himmel, dein Name werde geheiligt, dein Reich komme, dein Wille geschehe wie im Himmel, so auf der Erde* (Mt 6,9–10). Die Liebe unseres himmlischen Vaters offenbart sich uns mittels seiner Vorsehung. Diese Liebe können wir gut verstehen, wenn wir die Liebe eines guten menschlichen Vaters zu seinen Kindern erfahren. *Christus* hat uns geholfen, dies besser zu verstehen, indem er sagte: *Wenn nun ihr schon, die ihr böse seid, euren Kindern gebt, was gut ist, wieviel mehr wird euer Vater im Himmel denen Gutes geben, die ihn bitten* (Mt 7,11).

Deshalb müssen wir unseren himmlischen Vater um seiner selbst willen lieben und nicht aus Sehnsucht nach seinem Paradies oder aus Angst vor der Hölle. Wir müssen ihn nachahmen in seiner Liebe zu den Kreaturen. Was weiß der heutige Mensch von Gott und der Liebe zu Gott? Der Mensch hat sich von Gott entfernt, er handelt blind, wie in einer dunklen Nacht. Der Stolz hat die Herrschaft über seine Gedanken gewonnen. Er ist vom richtigen Weg abgekommen, weil er meint, die Technik garantiere das wahre Lebensglück, vor allem weil sie sich schnell weiterentwickelt, beinahe Stunde um Stunde. Der Mensch glaubt, stark zu sein, ist jedoch sehr schwach. Es gelingt ihm nicht, den Naturgewalten und den Leidenschaften seines Körpers zu widerstehen. Er ähnelt dem, der versucht, seinen Durst mit dem Wasser des Meeres zu stillen, dessen Durst auf diese Weise aber immer größer wird. Er versucht, auf der Erde das Glück zu erlangen, doch sein Elend wird auf diese Weise immer größer. Und all dies geschieht, weil er sich von der Liebe zu Gott und zu seinem Bruder entfernt hat, weil er die Todes- und Zerstörungsmaschinerie entwickelt und den Wirtschaftskrieg erfunden hat, um seinen Bruder in Hunger und Not sterben zu lassen.

Die wahre Religion ist das Gewissen der Gesellschaft

Wenn die Politik vom richtigen Weg abkommt, müssen die religiösen Institutionen Alarm schlagen und die Verantwortlichen zur Wahrheit zurückführen. Da es sich bei der Mission der großen Religionen, des *Buddhismus* , des *Judentums* , des *Christentums* und des *Islam* , um eine Mission des Glaubens, der Liebe und des Friedens handelt, werden diese Religionen stärker sein, wenn sie sich gegenseitig respektieren und zusammenarbeiten. So werden sie eine Generation von tugendhaften, selbstlosen Gläubigen heranbilden können, die fähig sind, glücklich zu sein und die Welt durch die Ablehnung der Kriege und den Aufbau eines gerechten Friedens unter den Völkern glücklich zu machen. Sie werden Demütigung, Unterdrückung, Ungerechtigkeit und Gleichgültigkeit ablehnen, indem sie ganz auf die Stimme des Gewissens hören und den Gesetzen der wahren Religionen gehorchen, die alle gebieten, das Gute und nicht das Böse zu tun. So wird auf der Welt ein gerechter Friede herrschen.

Der *Buddhismus* ist für seine Liebe zum Frieden und zum Guten bekannt, und deshalb hat er unter den Menschen die Liebe verbreitet. Für das *Juden-*

tum, das *Christentum* und den *Islam* gilt dies nicht weniger. Die Anhänger jener zuletzt genannten Religionen bekennen sich zu *Abraham* als den Vater der Väter. Das *Christentum* bekennt sich zur Bibel, zu den Büchern der Propheten, in denen alle Prophezeiungen enthalten sind, die sich gänzlich in *Jesus Christus* erfüllt haben. Sie sind der offensichtliche Beweis dafür, daß *Jesus von Nazareth* der erwartete Messias ist.

Die Berührungspunkte zwischen dem *Islam* und dem *Christentum* sind zahlreich und unverkennbar. Die Anhänger beider Religionen glauben an den einen Gott, an die Auferstehung, an das Jüngste Gericht, an das Paradies und an die Hölle. Der Heilige *Koran* hat die Nähe zwischen *Christen* und *Moslems* bezeugt: *Die den Gläubigen am nächsten sind, sind jene, die sagen: Wir sind Christen! Tatsächlich gibt es unter ihnen Mönche und religiöse Menschen, und sie sind nicht stolz*.

Die Anhänger der großen Religionen müssen gemeinsam für Gerechtigkeit und Barmherzigkeit arbeiten, um der Menschheit Glück zu schenken. Sie müssen wissen, daß alle Kinder Gottes sind.

Wie schön ist es, hier so viele Brüder und Schwestern vereint zu sehen! Welch hohe Aufgabe, mit ihnen um denselben Tisch zusammenzusitzen, mit Religionsführern und Politikern aus der ganzen Welt, um sich mit den zahllosen religiösen, sozialen, wirtschaftlichen und politischen Problemen dieser Welt zu beschäftigen und Lösungen zu suchen, damit sich die Menschheit von den Kriegen, vom Hunger und von den unheilbaren Krankheiten befreien kann und fähig wird, auf die leidvollen Naturkatastrophen zu reagieren, indem sie sich Gott ganz unterwirft und an Ihn glaubt. So wird die Menschheit in Frieden mit Gott und miteinander leben.

(Mailand 1993)

Muslime beim Friedensgruß
Florenz 1995

Mohammed Habib Belkhodja

Ihr, die ihr glaubt, tretet alle ein in den Frieden!

Gelobt sei Gott! Es ist recht, ihn zu loben. Sein Gruß und sein Segen komme über seine Boten, Propheten und die Auserwählten unter seinen Geschöpfen.

Es freut mich, meinen aufrichtigen Dank an die Organisatoren dieser beständigen internationalen Begegnungen von *Uomini e Religioni* richten zu können. Ich bin froh, unter den Teilnehmern dieses siebten Treffens zu sein, das – so Gott will – nützliche Dialoge zum Gegenstand hat, die die *Erde der Menschen und die Rufe zu Gott* in seiner Herrlichkeit betreffen.

Die Themen, die bei diesen Begegnungen erörtert werden und die bei dieser siebten Zusammenkunft besonders hervorgehoben werden, sind folgende: Der nachhaltige Einsatz für den Frieden sowie die gemeinsamen Anstrengungen und die Zusammenarbeit aller menschlichen Gesellschaften zur Verbreitung von Sicherheit und Wohlergehen unter allen Menschen dieser Welt. Es geht um die menschliche Lebenswirklichkeit, die von Verfallserscheinungen gekennzeichnet ist, weil die Menschen als Stellvertreter Gottes auf Erden seinen Willen nicht tun wollen. Diese Lebenswirklichkeit, die dem Unglück ausgeliefert ist, bedarf der Erneuerung des Bundes zwischen dem Menschen und seinem Schöpfer durch den Glauben, durch die aufrichtige Hingabe, das Mitleid, die Rückkehr zu Gott und die Anrufung Gottes, damit unsere Existenz von Seiner Vorsehung, Seinem Schutz und Seinem Erbarmen geleitet werde.

Gott hat sich selbst *Friedensstifter* genannt: *Er ist Allah, außer dem es keinen Gott gibt; der König, der Heilige, der Friedenstifter* (Koran 59, 23). Der Bote Gottes – das Gebet und der Friede Gottes mögen auf ihm ruhen – hat gesagt: *Gott ist der Friede*. Er verbreitet Frieden, Sicherheit und Ruhe in allem, was existiert, dank der zahlreichen und beständigen Gesetze, die Er gemacht hat, die die Erde regieren und das, was sie enthält, das ganze Universum, den Menschen, seine Kräfte und Fähigkeiten, die ihm von Gott gegeben sind. Lob sei Gott, der den Frieden verbreitet, und Lob sei dem Schöpfer des Menschen. In der Tat, in Seiner Nähe leben sie in Ruhe, und unter Seinem Schutz sind sie heil und gesund. Lob sei Gott, der den Frieden bei den Kreaturen und den Lebewesen verbreitet. Er ist derjenige, der zum Haus des Friedens ruft, und der die, die Sein Wohlgefallen suchen, auf den Weg des Friedens führt.

Der *Koran* hat diese Einladung und diese Orientierung im Wort Gottes, des Mächtigen und Erhabenen, bestätigt: *O Ihr, die Ihr glaubt, tretet ein in das Heil insgesamt und folgt nicht den Fußstapfen Satans; siehe, er ist euch ein offenkundiger Feind. Und so ihr strauchelt, nachdem die deutlichen Zeichen zu euch gekommen sind, so wisset, daß Allah mächtig und weise ist* (Koran 2, 204–205).

Die Unterwerfung, der Gehorsam, die aufrichtige Hingabe an Gott, die Gottesfurcht und das Streben nach dem, was Gott gehört, sind Wege des Friedens.

Die Wahrung der Würde des Menschen, des Respekts vor ihm, seiner Freiheit und seiner gottgegebenen Rechte ist ein Weg des Friedens.

Wenn unsere Taten, Worte und Verhaltensweisen von einer festen Moral beherrscht sind, ist dies ein Weg des Friedens.

Die Wissenschaft in den Dienst der Menschen zu stellen, ihren Bedürfnissen zu dienen, ihnen die lebensnotwendigen Dinge zu garantieren, ihnen die Wunder Gottes im Universum bekanntzumachen, bedeutet, dem Weg des Friedens zu folgen.

Die Menschen vor der Gefahr zu schützen, nur ein Instrument der Wissenschaft zu werden, zu vermeiden, daß Maßstäbe und ihre Folgen durch Anmaßung, Eitelkeit und Arroganz auf den Kopf gestellt werden, zu verhindern, daß Zwietracht herrscht und man sich von der Wahrheit entfernt, bedeutet, den Weg des Friedens zu gehen.

Die religiösen Grundprinzipien anzuwenden, den geistlichen Werten in allen Lebensbereichen treu zu bleiben, sich an die allgemein gültigen Normen zu halten, die den Menschen Wohlstand, Gerechtigkeit und Wahrhaftigkeit garantieren, bedeutet, den von Gott gewiesenen Weg des Friedens zu gehen.

Im Namen des Friedens kehren die Herzen der Menschen zu Sicherheit, Ruhe und Ausgeglichenheit zurück, und so beruhigt sich ihre Bosheit, und ihre Verwirrung legt sich.

Das Herz des Menschen strebt so nach Milde und Frieden, und mit Glauben und Demut spricht es immer wieder: *O Gott, Du bist der Friede, von Dir kommt der Friede, begrüße uns mit dem Frieden.*

Wenn wir ausgehend von diesen Reflexionen den Menschen als den Stellvertreter Gottes auf dieser Erde und als das bevorzugte unter Seinen Geschöpfen betrachten, werden wir unendliche Gnaden von Gott finden, der gesagt hat: *Und als dein Herr zu den Engeln sprach: 'Siehe, ich will auf der Erde einen einsetzen an meiner Statt'* (Koran 2, 28). In der Tat, Gott hat den Menschen geschaffen, er hat ihn auf wunderbare Weise gemacht, er hat ihn zum Herrn dieser Erde gemacht, er hat ihm edle Aufgaben anvertraut, die Kreativität, die Bildung, die Analyse, die Synthese, die Umgestaltung und die Veränderung. Er hat ihm die Kräfte, die Fähigkeiten, die Schätze und die Elemente dieser Erde offenbart und hat ihm all diese Möglichkeiten mit dem Ziel zur Verfügung gestellt, die Erde aufzubauen. Ehre sei Gott, der dem Menschen die Fähigkeit verliehen hat, mit dem Universum in Beziehung zu treten, Entwicklung und Fortschritt in dieser Welt zu verwirklichen sowie das Wachstum und die Gaben der Welt beständig zu sichern. Gott hat dem Menschen die Fähigkeiten und Möglichkeiten gegeben, die den Kräften und Möglichkeiten, den Vorräten und Schätzen dieser Erde entsprechen.

Von all dem spricht Gott, der Mächtige und Erhabene: *Er ist es, der für euch alles auf Erden erschuf* (Koran 2, 27). *Allah ist es, der die Himmel und die Erde erschuf, und er sendet vom Himmel Wasser hernieder und lockt durch dasselbe Früchte hervor zu eurer Versorgung. Und er hat euch dienstbar gemacht die Schiffe, daß sie auf seinen Befehl das Meer durcheilen. Und dienstbar macht er euch die Flüsse; und er machte euch dienstbar die Sonne und den Mond in rastlosem Wandel. Und dienstbar machte er euch die Nacht und den Tag. Und er gibt euch von allem, um was ihr ihn bittet, und so ihr aufzählen wolltet die Gnadenerweisungen Allahs, ihr könntet sie nicht berechnen. Siehe, der Mensch ist wahrlich ungerecht und undankbar* (Koran 14, 37). Vergeblich werden den Menschen Anweisungen angeboten und Predigten gehalten, auf die sie aber nicht hören. *Und die meisten Menschen, wie sehr du es auch begehrst, glauben nicht* (Koran 12, 103).

In ihrer Verwirrung glauben die Menschen, daß der materielle Fortschritt dem Fortschritt der Menschheit entspreche, und sie behaupten, daß dieser ein konstantes Maß und ein klarer Beweis für den menschlichen Fortschritt sei.
Gewisse Phänomene zeigen aber die Gefahren an, die dieser Fortschritt in sich trägt: Das Bevölkerungswachstum, die Zerstörung der natürlichen Umwelt, der schwindelerregende Lebensrhythmus, die sinkende Lebensqualität, die Entwicklung vieler Jugendlicher zu Almosenempfängern, die Kluft zwischen den Generationen, die durch die Medien manipulierte Politik, die Ausbreitung von Krankheiten aufgrund der Umweltverschmutzung, die Konflikte hier und dort, die Kriege und Mordtaten.
Daher rühren die seelischen Ängste, die geistige Ratlosigkeit und die ständige Spannung: Gefühle, die nah und fern empfunden werden, im Osten, Westen, Norden und Süden.
Man kann wohl folgende Ursachen für den Zustand des Menschen von heute nennen: Die psychische Leere, die spirituelle Leere, das Fehlen eines religiösen Antriebs; vor allem aber die Verwässerung der wahrhaft religiösen Auffassung von der Aufgabe, die dem Menschen anvertraut ist, nämlich Stellvertreter Gottes auf Erden zu sein, mit seiner Arbeit auf die Erde einzuwirken und über sie zu herrschen, über ihre Materie und ihren Lauf, so daß er seine Würde und seine Herrschaft über all das erhält, was Gott ihm unterworfen hat.
Die Leiden, die der Mensch in der Welt verursacht, lassen die Erde unter seinen Füßen erzittern. Das Unglück, das so aber letztlich den Menschen selbst trifft und das nur Gott wirklich kennt, führt ihn sicherlich doch dazu, in sich zu gehen, Gewissenserforschung zu halten, und sich in Demut zu Gott zu bekehren.

Es gibt keinen anderen Gott außer Ihm, dem Mächtigen und Barmherzigen, dem mächtigen König auf dem Thron, dem Herrn der Himmel und der Erde, seines Throns.
Siehe, in der Schöpfung der Himmel und der Erde und in dem Wechsel der Nacht und des Tages sind wahrlich Zeichen für die Verständigen: Die da Allahs gedenken im Stehen und Sitzen und (Liegen) auf ihren Seiten und nachdenken über die Schöpfung der Himmel und der Erde (und sprechen:) 'Unser Herr, nicht umsonst hast du dieses erschaffen. Preis dir! Hüte uns vor der Feuerspein!' (Koran 3, 187–188).
O Herr! Gib uns einen beständigen Glauben und eine bleibende Sicherheit.
O Herr! Schenke unseren Seelen Erbarmen! Du bist ihr Beschützer und ihr Herr.
O Herr! Hauche uns die Vernunft ein.
Der Herr bewahre uns vor dem Bösen, das wir getan haben, und vor dem Bösen, das wir nicht getan haben. Der Herr bewahre uns vor dem Verlust Seiner Gnade, vor dem Abweichen von Seiner Kraft, vor Seiner überraschenden Rache und vor all Seinem Zorn.
O Herr! Führer der Herzen, führe unsere Herzen zum Gehorsam zu Dir; laß unseren Glauben gedeihen, der unser Schutz ist; laß unsere Welt aufblühen, die uns unterhält; laß unser zukünftiges Leben gedeihen; gib, daß sich jedes Gut in unserem Leben vermehrt; mach aus dem Tod für uns eine Befreiung von allem Bösem; verzeih uns unsere Sünden und gib, daß wir Dir danken.
Gelobt sei Gott. Es gibt keinen anderen als Ihn. Ehre sei Gott!

(Mailand 1993)

Muslime beim Gebet
Mailand 1993

Israel Meir Lau

Ein Leben in Frieden ist notwendig und möglich

Der *Prophet Jesaja* beschreibt eine Vision des Friedens auf der Welt und sagt unter anderem: *Dann wohnt der Wolf beim Lamm, der Panther liegt beim Böcklein, Kalb und Löwe weiden zusammen, ein kleiner Knabe kann sie hüten. Kuh und Bärin freunden sich an, ihre Jungen liegen beieinander. Der Löwe frißt Stroh wie das Rind. Der Säugling spielt vor dem Schlupfloch der Natter, das Kind streckt seine Hand in die Höhle der Schlange. Man tut nichts Böses mehr und begeht kein Verbrechen auf meinem ganzen heiligen Berg; denn das Land ist erfüllt von der Erkenntnis des Herrn, so wie das Meer mit Wasser gefüllt ist* (Jes 11,6ff.).

Die ganze Menschheit ist von dieser Prophezeiung tief berührt, und sie ist voller Hoffnung, daß sie sich schnell verwirklichen möge. Aber betrachtet man die Prophezeiung genauer, erkennt man, daß es schon einen Präzendenzfall für sie gibt. Wo? In der Arche Noah! Wie uns im *Buch Genesis* gesagt wird, wurden alle Haustiere und wilden Raubtiere zusammen in die Arche gebracht. Und keinem von ihnen geschah etwas Böses, und keines versuchte, ein anderes zu verschlingen.

Was ist also neu an der Prophezeiung des *Jesaja*, und warum sieht man in ihr so viele Schwierigkeiten? Die Antwort liegt im großen Unterschied zwischen einer Vision einerseits und der wahren Situation im Inneren der Arche Noah andererseits, wo die Tiere keine andere Wahl hatten, als den Zufluchtsort zu teilen, der ihnen gegen den gemeinsamen wütenden Feind von außen, die Sintflut, geboten

wurde, die die Erde und sie alle zu vernichten drohte. Sie waren gezwungen, ruhig zu bleiben, in einer Art *Zwangsfrieden*, während *Jesaja* eine ideale Situation voraussieht, die jede hereinbrechende Gefahr und jeden gemeinsamen Feind ausschließt: Der Wolf und der Panther, das Lamm und das Böcklein und alle anderen Tiere werden in Frieden leben, aber auf Grund einer innersten Überzeugung von der Notwendigkeit eines universalen Friedens, die aus der Erkenntnis Gottes kommt.
Wir sind hier vereint, als Religionsoberhäupter und Vertreter von Völkern und Staaten, um der ganzen Welt zu zeigen, daß es notwendig und möglich ist, in Geschwisterlichkeit und Nächstenliebe zusammenzuleben, und daß es keinerlei Rechtfertigung für Feindseligkeiten und Gewalt gibt, nicht einmal für verbale Gewalt.

Geschwisterlichkeit als inneres Reifen nach der großen Angst

Unsere Generation wird nicht das Privileg haben, in der von *Jesaja* geweissagten Epoche zu leben: Sie befindet sich eher in einer Situation, die der Zeit des *Noah* und der Sintflut ähnlich ist. Auch in unseren Tagen gibt es gemeinsame Feinde, die die Menschheit und die ganze Welt bedrohen, so wie die Sintflut ihr Weiterleben bedrohte. Hunger, Elend, Krebs, Aids, Atom- und Wasserstoffbomben, Unwissenheit und Ablehnung des Glaubens – all dies sind gemeinsame Feinde der Menschheit, und sie bedrohen uns alle in gleicher Weise.
Aus der Tiefe der Herzen von uns allen, die wir hier versammelt sind, muß ein Ruf an alle Bewohner der Erde hervorgehen: *Die ganze Menschheit ist Kind*

eines einzigen Vaters, wir alle sind vom Schöpfer geschaffen. Nach unserer alten jüdischen Tradition rügte Gott selbst seine Engel, die jubilierend sangen, als die Wogen des Roten Meeres die Truppen des Pharao verschlangen, die die Söhne Israels auf ihrer Flucht aus Ägypten verfolgten. Gott tadelte die irrenden Engel: *Die Menschen, die ich geschaffen habe, ertrinken gerade im Meer, und ihr feiert?* Wenn wir bisher noch nicht den Segen des Friedens aus der Vision des *Jesaja* empfangen haben, müssen wir zu dem Schluß kommen, der aus der Erzählung von *Noah* und der Sintflut folgt, nämlich daß es unsere Pflicht ist, eine gemeinsame Sprache und ein Lebensmodell zu finden, das alle Völker der Welt umfaßt, vereint in Geschwisterlichkeit, im Bewußtsein der Gefahren für alle und der Dunkelheiten, die durch die beiden Weltkriege geschaffen wurden und die unsagbare Schrecken und Zerstörungen über uns gebracht haben.

In den Feindseligkeiten ist ein Bruder geboren

Ich möchte meine Gedanken hierzu anhand einer persönlichen Erfahrung darlegen. Das Ende des Zweiten Weltkriegs kam für mich am 11. April 1945, als die amerikanischen Streitkräfte das Konzentrationslager *Buchenwald* befreiten. Ich war noch keine acht Jahre alt, und weil meine beiden Eltern gestorben waren, vertraute mich mein älterer Bruder der Obhut eines Offiziers der Roten Armee namens *Fjodor* an, der als Kriegsgefangener nach *Buchenwald* gebracht worden war. Die Hingabe *Fjodors* für seinen jungen Schützling brachte mehr als einmal sein Leben in Gefahr.

Einen Monat nach der Befreiung trennten sich unsere Wege. *Fjodor* ist wahrscheinlich in seine Geburtsstadt *Rostov* zurückgekehrt, und ich konnte dank der Unterstützung durch meinen älteren Bruder nach *Israel* gehen; und noch heute habe ich das Privileg, dort zu leben.

Es sind mehr als achtundvierzig Jahre vergangen, und die Kontakte zwischen mir und *Fjodor* sind abgebrochen. Viele Jahre lang trennte der Eiserne Vorhang *Fjodor* und seine Nation vom Staat *Israel*, wo viele Überlebende des großen Krieges, wie ich selbst, sich eine neue Existenz aufgebaut haben. So kam es, daß wir uns angesichts der *Nazis* als gemeinsamem Feind gegenseitig zu helfen verstanden. Der weiseste der Menschen im Buch der Sprichwörter sagt: ... *als Bruder für die Not ist er geboren* (Spr 17,17). Aber als die Stürme des Krieges sich legten, sind grundlose und unfaßbare Trennungen unter den Völkern entstanden. Als ich am 3. Mai 1989 den Kreml besuchte, habe ich mich an meine Kindheit an der Seite des Russen Fjodor in *Buchenwald* erinnert, und ich habe mir die rhetorische Frage gestellt: *Gibt es nicht genügend gemeinsame Feinde der Menschheit, um gegen sie und gegen die Gefahr, die sie darstellen, gemeinsam Position zu ergreifen?*

Das sind meine Gedanken, und diese Gefühle regen sich heute in mir, während wir nach Wegen suchen, wie die Gläubigen in der Welt zur Geschwisterlichkeit unter den Menschen und zur Zusammenarbeit gegen die Feinde der Menschheit beitragen können. Ich bin froh, *Michail Gorbatschow* unter uns begrüßen zu können, einen Mann, der bei der Öffnung des Eisernen Vorhangs und im Niederreißen der steinernen Mauern, die so viele von uns getrennt haben, eine historische Rolle gespielt hat.

Haß und Gewalt dürfen keine »Griffe« zur Verfügung haben

Bevor ich zum Schluß komme, möchte ich eine alte Betrachtung der Weisen Israels wiedergeben, die aus der Interpretation der Schöpfungserzählung im *Buch Genesis* stammt.
Unsere Weisen behaupteten, daß die erste Protestkundgebung der Weltgeschichte am sechsten Schöpfungstag von den Bäumen inszeniert wurde und sich an den Schöpfer wandte. Ihre Beschwerde lautete: *Du, Herr des Weltalls, hast uns am dritten Tag erschaffen und uns befohlen, daß wir sprießen, wachsen, Früchte tragen und die Erde mit grünen Blättern bedecken. Aber heute, am sechsten Schöpfungstag, hast Du den Menschen erschaffen, und du hast ihm unter anderem die Fähigkeit verliehen, Werkzeuge der Zerstörung zu schaffen. Und der Mensch hat die Axt, die Säge und den Hobel erfunden, um sie gegen uns zu richten und uns in Stücke zu schneiden, um uns zu stutzen und Schnitzereien aus uns zu machen. Wie, o Herr, können wir überleben und unsere Sendung erfüllen?*
Gott gab ihnen zur Antwort: *Der Rat, den ich euch zu erteilen habe, ist furchtbar einfach: Liefert nicht die Griffe, mit denen man die Werkzeuge der Zerstörung, die eure Existenz bedrohen, gebrauchen muß. Anstatt gegen Mich zu protestieren, setzt euch dafür ein und vergewissert euch, daß keiner von euch die eigenen Gefährten verrät, und verweigert jegliche Lieferung von Holz für den Griff einer Axt, einer Säge oder eines Hobels ... .*
Verehrte Obere und Lehrer, Brüder, Schwestern und Gefährten, mögen die vor Jahrtausenden ausgesprochenen Worte der Weisen des jüdischen Volkes in unseren Ohren widerhallen und unsere Herzen

durchdringen. Ihr Wert bleibt bis heute gültig. Tun wir uns zusammen und verweigern wir zusammen den Feinden der Menschheit *die Griffe*. Beseitigen wir die Geißel des Hasses und der Gewalt gegen den Menschen. Legen wir die Schwerter nieder und lassen wir sie zu Pflugscharen werden und die Lanzen zu Winzermessern. Tun wir uns zusammen und verwenden wir die Fähigkeiten der Menschheit zu einem gemeinsamen Krieg gegen die Feinde, die sie bedrohen: Hunger, Drogen, Krankheiten und alle anderen Übel, die die Welt gefährden.

Den zehn Geboten, die uns der Schöpfer vor dreitausend Jahren auf dem Berg Sinai gegeben hat, geht das feierliche Wort voraus: *Ich bin der Herr, dein Gott*, um die Verpflichtungen des Menschen seinem Schöpfer gegenüber zu betonen. Und am Ende stehen die Worte: ... *und alles, was deinem Nächsten gehört*, um die Verpflichtungen des Menschen seinesgleichen gegenüber zu betonen (vgl. Ex 20,1–17). Das ist die Lehre des *Judentums*, die mich von *Jerusalem*, der Heiligen Stadt, der Hauptstadt *Israels*, hierher geführt hat, um die doppelte Verpflichtung zu unterstreichen, die jedem von uns auferlegt ist: an den Schöpfer zu glauben und die Hand der Geschwisterlichkeit zu jedem und allen in der Welt hin auszustrecken. All das soll im Geist unserer *Thora* geschehen, die mit ihren unvergänglichen Worten vorschreibt: ... *Du sollst deinen Nächsten lieben wie dich selbst – Ich bin der Herr* (Lev 19,18).

(Mailand 1993)

René Sirat,
Präsident des Ständigen Rates
der Rabbiner Europas,
entzündet die Friedensflamme bei der gemeinsamen
Abschlußzeremonie
Mailand 1993

Andrea Riccardi

Fragen der Welt – Traum der Religionen

Zahlreiche und bedeutende Vertreter verschiedener Religionen haben sich in Mailand zu einer weiteren Etappe auf ihrem gemeinsamen Weg der Geschwisterlichkeit eingefunden, der schon vor längerer Zeit begonnen hat. Im Jahre 1893, vor einem Jahrhundert, kam bekanntlich in *Chicago* das *World Parliament of Religions* zusammen, bei dem die Vertreter von sechzehn religiösen Traditionen anwesend waren. Dieses Treffen, das im Klima des interreligiösen Zusammenlebens in den Vereinigten Staaten herangereift war, hatte keine unmittelbaren Folgen, aber an der Schwelle zum neuen Jahrhundert war es Ausdruck des Bedürfnisses der Religionen, untereinander ins Gespräch zu kommen. Im 19. Jahrhundert gab es nicht nur heitere Momente auf dem Weg dieses Dialogs. Oft war es ein – wenn auch lehrreicher – Leidensweg. Doch erwuchs aus ihm in unserem Jahrhundert das Bemühen, alte Gewohnheiten abzulegen und sich nicht mehr gegenseitig zu ignorieren oder gar zu bekämpfen.
Das Leid, das durch die Kriege über die Menschen hereingebrochen war, hatte viele Gläubige dazu gebracht, über die Wurzeln ihres Glaubens nachzudenken. Sie wollten von neuem Worte des Friedens hören und die Bedeutung der Heiligkeit des Lebens und des gemeinsamen Schicksals aller Menschen erfassen. Das Eindringen in die Tiefe der je eigenen religiösen Tradition hat alle einander nähergebracht. Eine große Zahl von Gläubigen entdeckte so den heiligen Wert des Friedens, wie er im Wirken Mahatma Gandhis zum Ausdruck kam. Auf dem Höhepunkt des Weltkrieges beteuerte er: *Wenn es*

einen Gewinner gibt, wird der Sieg für die siegreiche Nation in Wirklichkeit ein lebender Tod sein.

Doch wurden die Stimmen für den Frieden mit den harten Gesetzen der internationalen Politik konfrontiert. Man hat sie als bloße Rhetorik abgetan. Wer konnte über Krieg und Frieden entscheiden? In den letzten vier Jahrzehnten waren dies im Grunde nur die beiden Supermächte.

Im Jahre 1986 lud *Papst Johannes Paul II.* die großen religiösen Traditionen nach *Assisi* ein, um für den Frieden zu beten. Diese Begegnung griff die vielen Wege des interreligiösen Dialogs auf, die sich seit dem Anfang des Jahrhunderts entwickelt hatten. In *Assisi* wurde nicht Stärke kundgetan, so wie dies auch bei unserem heutigen Friedenstreffen nicht geschieht. Gläubige Menschen haben weder Waffen noch Macht im materiellen Sinn; sie streben nicht danach, die Erde zu besitzen. Ihre Kraft ist eine schwache Kraft, die die Verwandlung des Menschen von innen her anstrebt. In Assisi wurde die Überzeugung deutlich, daß die Macht der Menschen nicht absolut ist, sondern daß es etwas gibt, was darüberhinaus geht – die schwache Kraft des Gebetes und der überzeugenden Gedanken des Herzens. War dies eine Kundgebung bloßer Rhetorik oder die Ankündigung einer neuen Zeit? Nach 1986 verspürten wir das Bedürfnis, jenen *Weg von Assisi* fortsetzen zu müssen. Er hat uns durch die wechselhafte Geschichte der letzten Jahre hierher geführt.

Es ist hier nicht der Ort, die Ursachen der Epochenwende von 1989 zu analysieren, und doch muß hier – und nicht nur, weil er heute unter uns ist – die Rolle von *Präsident Gorbatschow* gewürdigt werden. Es gab eine Kraft des Gewissens, die mit zum Wandel beigetragen hat. Das komplexe Zusammenwirken zwischen dieser Kraft des Gewissens und politischen

und wirtschaftlichen Faktoren hat den Beginn einer neuen Epoche gegen Ende des Jahrhunderts bestimmt.
Heute ist der Friede nicht mehr nur in den Händen von zwei Supermächten, wie es gestern noch den Anschein hatte. Heute können viele, auch kleine Gruppen oder Länder, Krieg führen oder Frieden schließen. Aber es sind zu viele, die Krieg führen. Neue regionale Kriege sind ausgebrochen, wie im *ehemaligen Jugoslawien*, alte Konflikte, wie in *Angola*, dauern weiterhin an. Gleichzeitig mit konstruktiven Veränderungen hat sich ein gewaltsamer Wille zur Durchsetzung der jeweils eigenen Interessen ausgebreitet, der auch den Krieg nicht scheut. Unkontrollierter Waffenhandel und andauernde Gruppenkonflikte haben den bewaffneten Kampf für zu viele Menschen zur Gewohnheit werden lassen. Angesichts der zahlreichen Kriegsnachrichten sind wir oft unfähig, ein Gespür und ein Herz für alle zu bewahren. Raubte gestern noch die Spannung zwischen den beiden Supermächten der Welt den Atem, so lassen uns heute die vielen Nachrichten über regionale Kriege eher gleichgültig. Es ist nicht leicht, sich mit einer Seite zu identifizieren und den Unschuldigen vom Schuldigen zu unterscheiden. So macht sich Gewöhnung an den Krieg breit. Die Wachsamkeit für die weltweite Problematik geht verloren, die Aufmerksamkeit beschränkt sich auf die Ereignisse innerhalb des eigenen Landes.
Die Religionen sind insbesondere nach dem Untergang der großen ideologischen Systeme der Versuchung ausgesetzt, selbst Gründe für den Krieg zu liefern und Grenzen für sakrosankt zu erklären. So ist von Religionskriegen die Rede. Doch wissen wir, daß die gegenwärtigen Konflikte ganz andere als religiöse Wurzeln haben. Das jahrhundertelange

friedliche Zusammenleben verschiedener Völker und Religionen löst sich auf dramatische Weise auf. *Sarajewo* ist ein bezeichnendes Beispiel dafür, und es handelt sich dabei leider nicht um eine in der Welt einzigartige Situation. Wo man einst friedlich zusammenlebte, sollen nun neue Abgrenzungen Sicherheit und Identität verleihen. Es scheint jedoch, als wolle man so nur Ängste verbergen.

Dennoch ist seit 1989 eine große Wegstrecke zurückgelegt worden. In vielen Ländern der Welt kam es zu Revolutionen. Die internationalen Beziehungen haben sich von Grund auf verändert. Wir leben in einer neuen Epoche. Aber es ist noch manches unvollendet, und es gibt noch viel zu tun. Die Revolution ist noch nicht abgeschlossen. Es besteht die Gefahr, daß sie untergeht und in Barbarei umschlägt, wenn sie nicht von einem neuen Bewußtsein durchdrungen wird.

Den politischen Veränderungen müssen Veränderungen im Bewußtsein der Völker folgen, um Aussöhnung und das Gespür für gegenseitige Angewiesenheit zu schaffen.

An der Schwelle zum neuen Jahrhundert wird die Geschwisterlichkeit unter den Religionen und den Gläubigen sichtbar. Für die Christen eröffnet das Ende des Jahrhunderts das dritte Jahrtausend des Christentums. Dieses Jahrhundert darf nicht so zu Ende gehen, wie es angefangen hat, womöglich mit einem Balkankrieg. Weniger fern ist heute der Friede für *Jerusalem* und für jenes Land, das den drei monotheistischen Religionen heilig ist. Der Traum einer Begegnung wie der heutigen in Jerusalem ist mehr als eine Hoffnung: *Nächstes Jahr in Jerusalem!*

Die Veränderungen von 1989 müssen weitergeführt werden. Es gilt die Herzen der Menschen zu versöhnen. Das ist die Aufgabe der Religionen. Um Bestand zu haben und wahrhaft menschlich zu sein, darf die neue Epoche nicht auf einem Gleichgewicht des Schreckens, sondern muß auf dem Bewußtsein vom Frieden gegründet sein. Der heiligmäßige *Papst Johannes XXIII.* schrieb schon vor 30 Jahren:
Es ist jedenfalls erlaubt zu hoffen, daß die Menschen, wenn sie einander begegnen und miteinander verhandeln, die Bande, die sie verbinden und die ihrem gemeinsamen Menschsein entstammen, mehr entdekken werden; und sie müssen auch entdecken, daß eines der tiefsten Bedürfnisse ihres Menschseins darin liegt, daß zwischen ihnen und den anderen Völkern nicht die Furcht, sondern die Liebe regiere ...
Die Menschen und die Völker müssen sich gegenseitig entdecken. Dieser Traum, der einfach und grundlegend ist, findet Widerhall in den Herzen und in den verschiedenen Religionen, er findet Bestätigung im Bedürfnis der Völker. Der Traum handelt von dem neuen Bewußtsein, das notwendig ist, um den Frieden nicht zu verlieren und ein Fundament für ein Jahrhundert, ja eine neue Epoche zu bilden.

(Mailand 1993)

Prof. Andrea Riccardi,
Gründer und erster Präsident der Gemeinschaft Sant' Egidio,
spricht zu den Teilnehmern in Mailand 1993

III. Stimmen aus der Politik

Michail Gorbatschow
bei der Eröffnungsveranstaltung des Friedenstreffens von 1993
in der Mailänder Scala

Michail Gorbatschow

Wege zur Überwindung der neuen Unordnung in der Welt

Mit großem Interesse bin ich der Einladung nachgekommen, vor Ihnen zu sprechen. Der einzigartige Charakter dieser Veranstaltung ist ein Zeugnis dafür, daß alle um den Frieden besorgten Menschen nach Übereinkunft und gegenseitigem Verständnis suchen.

Das Thema meines Beitrags ist umfassend wie diese Veranstaltung insgesamt. Jeder Begriff, der in ihrem Titel enthalten ist, bedarf der Klärung. Wer ist der moderne Mensch? Wie ist unsere in Veränderung begriffene Welt zu bestimmen? Was ist neu an der Interaktion zwischen Mensch und Welt, und was bedeutet dies für den Übergang der Gesellschaft in eine neue Phase?

Es handelt sich wirklich um einen Übergang an der Wende zwischen zwei Jahrhunderten und zwei Jahrtausenden, der sich grundlegend von den ohnehin wenigen großen Wendepunkten der Weltgeschichte unterscheidet.

Der Schlüssel für das Verständnis des gegenwärtigen Übergangs ist darin zu sehen, daß die Gesellschaft, die sich seit einigen Jahrhunderten herauszubilden begonnen hat, letztendlich den Tod der gesamten Menschheit bewirken kann, daß aber der Mensch begonnen hat, sich dessen bewußt zu werden.

So hatte die Menschheit die nötige Intelligenz und Willenskraft, einer Bedrohung ihrer eigenen Existenz ein Ende zu setzen, nämlich der eines weltweiten Atomkrieges. Die Hauptquelle dieser Bedrohung, der *Kalte Krieg*, wurde jedenfalls eliminiert.

Zugleich aber sieht sich die weltweite Gemeinschaft vor weitere Probleme gestellt, auf die wir nicht vorbereitet waren.

Die tiefgreifenden Prozesse, die im 20. Jahrhundert die Lebensbedingungen auf der Erde in einer Geschwindigkeit wie nie zuvor verändert haben, haben eine neue Qualität erreicht und neue Realitäten hervorgebracht, die von Menschenhand geschaffen und deshalb künstlich sind.

So hat sich der Mensch zum Ziel gesetzt, sich die Natur zu unterwerfen, was in einem nicht geringen Teil der Welt gelungen ist, so daß er als wirklicher Beherrscher der Natur imstande ist, aus ihr alles herauszuholen, sofern es nur seinen eigenen Bedürfnissen dient. Aber dieser Triumph hat sich gegen ihn selbst gewendet.

Die enormen Probleme, die sich aus der erbarmungslosen Ausbeutung der Natur ergeben, sind nicht rechtzeitig gelöst worden, und dies nicht etwa nur, weil wir den ganzen Ernst und die Gefahr der Lage zu spät erkannt hätten. Der Hauptgrund liegt darin, daß diese Probleme globaler Natur sind, also gemeinsame Maßnahmen auf weltweiter Ebene erfordern. Der Kalte Krieg war hier ein Hindernis. Jetzt erst ist das Ausmaß der Zerstörung in all seiner Bedrohlichkeit offenkundig geworden.

Darüberhinaus sind auch die seit langem verborgenen, tieferen Widersprüche, die gleichsam eingefroren waren, zutage getreten. Tatsächlich hat dieses künstliche System eine Entfremdung verursacht, eine immer größere und für die zivilisierte Welt völlig inakzeptable Entfremdung des Menschen von Besitz und Macht, eine Entfremdung von sich selbst, die ihn zu einem unbedeutenden Rädchen im ideologisierten Mechanismus des Staates gemacht hat.

Zugleich wird auch der Zerfall der zwar realen, doch sekundären Werte des westlichen sozio-politischen Systems, die dem Menschen heute keine stabile Zukunft mehr gewähren können, immer offensichtlicher. Gewiß entsprechen diese Werte mehr den eigentlichen Bedürfnissen des Menschen, doch auch sie erweisen sich zusehends als zerbrechlich in dem Maß, in dem der Kontext verlorengeht, aus dem sie sich als Elemente des Fortschritts entwickelt haben. So ist es nötig, die Stärken und Schwächen des *Kollektivismus*, der immer ein Vorbote der Diktatur ist, einer kritischen Bewertung zu unterziehen. Doch muß dies auch mit dem *Individualismus* der westlichen Kultur geschehen. In jedem Fall ist dessen konsumistische Ausprägung kritisch zu bedenken, die den Menschen auf das Haben um jeden Preis hin orientiert.

Rußland spürt dieses Problem heute auf besonders schmerzliche Weise. Wir haben uns radikal von unserer jüngsten Geschichte losgesagt. So haben wir das Leben von Millionen von Menschen, das unserer Großväter und unserer Eltern, die im ehrlichen Glauben an eine glückliche Zukunft gearbeitet haben, in gewisser Weise seines Sinnes beraubt. Wir haben eine große Revolution, wie es zweifellos die Oktoberrevolution war, als barbarisch abgestempelt. Es ist wahr, daß es nach 1917 im totalitären Regime einiges an Barbarei gab. Aber auch wenn man dieses Regime verurteilen muß, ist es nicht statthaft, einen differenzierten Vergleich zwischen den beiden Blöcken aus Unkenntnis von vorneherein abzulehnen. Jetzt können wir die Barbareien aller Seiten ins Auge fassen, was mancherorts beinahe explosionsartig neue blutige Konflikte hervorgebracht hat.

So wird die heutige Welt mit zwei Dimensionen von Problemen konfrontiert: Mit den universalen Problemen ökologischer, weltwirtschaftlicher, demographischer, medizinischer Natur, einschließlich der Energie- und Ernährungsprobleme, und den politischen Problemen auf internationaler und nationaler Ebene.

Beide Dimensionen sind miteinander verbunden und voneinander abhängig. Und diese für die moderne Welt typische Tatsache bezeugt bereits die *Ganzheit* der Welt, eine reale und nicht nur theoretische oder metaphorische Ganzheit, die ihre eigenen Gesetze diktiert und eigene Spielregeln hat. Die Ganzheit der Welt sehen heißt, die Welt als ein einheitliches und in sich abhängiges Ganzes zu betrachten.

Ohne in das Wesen dieser weltgeschichtlichen Tatsache einzudringen, kann man keinen Ausweg aus der Krise der Zivilisation suchen, die ihre Ressourcen erschöpft hat und einen Wandel nötig hat.

Wenn man die Ganzheit der Welt anerkennt, erfordert dies einen Wertewandel, besser gesagt eine neue Art der Betrachtung der jahrtausendealten Werte, die der Natur des Menschen entsprechen und ihn als soziales und spirituelles Wesen kennzeichnen.

In verschiedener Form und in unterschiedlichem Maß haben diese Werte in den Weltreligionen und in den großen humanistischen Strömungen ihren Niederschlag gefunden.

An ihnen haben sich, wenn auch oft heuchlerisch, Staaten, Bewegungen und Gesellschaften orientiert. Politiker und Ideologen haben sie immer wieder verfälscht und in Waffen des Bösen verwandelt. Aber die Stunde ist gekommen, in der solche Werte in ihrer modernen Interpretation die unverzichtbare

Bedingung für das Fortbestehen des Menschengeschlechts selbst darstellen werden.

Wir müssen Lehren aus der Vergangenheit ziehen. Wir müssen lernen, daß die Geschichte trotz aller Versuche, sie in bestimmte notwendige Bahnen zu lenken, ein spontaner Prozeß ist, der von individuellem und kollektivem Handeln bestimmt wird. Die Geschichte ähnelt der *Brownschen Bewegung*, nach der die Welt sich in kleinen Schritten vorwärtstastet und sich damit bewußt oder unbewußt zu dem berühmten orientalischen Sprichwort bekennt: *Wer läuft, wird irgendwie weiter vorankommen.* Doch in einer Zeit, in der gigantische schöpferische und zerstörerische Kräfte zur Verfügung stehen, ist es nicht mehr möglich, auf diese Art vorwärtszugehen. Wir müssen uns bewußt werden, wo wir stehen und wohin wir gehen wollen. Es gilt das Motto: *Wer weit vorausschaut, wird weiter vorankommen.*

Kriege und Konflikte waren bisher ein wesentlicher Bestandteil der Geschichte: der *Homo sapiens* ist auch ein kriegerischer Mensch. Man muß die Tatsache akzeptieren, daß in den vergangenen Epochen die Gewalt unvermeidbar war. Aber in unserem Zeitalter wird zunehmend deutlich, daß militärische Mittel keine Lösung sind. Oft begünstigt die Anwendung von Gewalt nur das Andauern von Konfliktsituationen und schafft gleichzeitig neue. Über die menschlichen Verluste und die materiellen Zerstörungen hinaus hinterläßt sie schwere Traumata in den Seelen und Köpfen der Menschen und in der Geschichte der Völker.

Es ist an der Zeit, sich auf die Opfer der tragischen Irrtümer der Ideologien zu besinnen, angefangen von den *Kreuzzügen* bis hin zum *Kalten Krieg*. Sie haben die Psyche und das Gewissen der Völker entstellt. Millionen von Menschen wurden durch sie zu unschuldigen Opfern eines hemmungslosen physischen und psychischen Terrors. Auf individueller und kollektiver Ebene wurden in die menschliche Psyche gleichsam Minen gelegt, die jederzeit explodieren können. Wie kann man sonst jenen Ausbruch ungeheuerlicher Barbareien und Grausamkeiten hier in unserer Nähe auf dem Gebiet des *ehemaligen Jugoslawien* erklären?

Wenn wir unsere Zukunft ernstnehmen, müssen wir darangehen, die kranken und vernachlässigten Seelen der Menschen zu heilen. Wer könnte hierbei besser vorangehen als die Diener des Glaubens, die die innere Welt des Menschen kennen und die deshalb eine große pastorale Aufgabe zu erfüllen haben?

Die Dringlichkeit, an der Epochenwende einen generellen Kurswechsel der Weltpolitik vorzunehmen, ist groß, vor allem weil das Geflecht der internationalen Beziehungen weltweit offenkundig in eine kritische Lage geraten ist. Dies ist nur eines der Krankheitssymptome, an denen unsere ganze Zivilisation leidet.

Ich bin der Meinung, daß die schwerwiegendste Auswirkung dieser Krankheit die Krise der Beziehungen zwischen Mensch und Natur ist, die ökologische Krise. In ihr sind die Folgen verschiedener Prozesse miteinander verbunden und verflochten, angefangen von der irreversiblen Entwicklung der Technik, die die Natur samt dem Menschen selbst zerstört, über die Bevölkerungsexplosion bis hin zur zügellosen Konsumgier (dies bezieht sich vor allem auf den entwickelteren Teil der Welt) und zu der immer tieferen Kluft innerhalb des sozio-ökonomischen Lebensniveaus in den verschiedenen Ländern und Regionen.

Ein anderes Phänomen, das mit dem ersten zusammenhängt, ist die Krise der ideologischen Fundamente der gesellschaftlichen Entwicklung.

Der nach 1917 in *Rußland* und anderen Ländern unternommene Versuch, mit Gewalt ein neues Wertesystem zu schaffen und es dem Menschen aufzuzwingen, ist fehlgeschlagen. Doch war dieser Versuch zugleich nicht völlig falsch.

Eine friedliche Entwicklung in kleinen Schritten hin zu neuen Werten ist jedenfalls legitim und heute bereits möglich. Durch allmähliche Reformen können tiefgreifende Veränderungen bei minimalen Kosten herbeigeführt werden.

Die Krise unserer heutigen Zivilisation hat dem Menschen bereits enormen Schaden zugefügt. Sie schwächt die sozialen Bindungen, die Grundlagen der Familie, die moralischen Prinzipien und Institutionen. Viele Personen verhalten sich so verantwortungslos, als ob sie sich an die grausame alte Regel *nach uns die Sintflut* hielten. Eine solche Philosophie, wenn ich sie so definieren darf, und ein solches Verhalten sind fatal: Sie programmieren die Selbstzerstörung.

Am Ende des *Kalten Krieges* schien die Weltgemeinschaft die Freiheit gewonnen zu haben, sich anderen globalen Bedrohungen zuzuwenden und gemeinsam die schwerwiegenden internationalen Probleme zu lösen, die die Welt als Ganzes betreffen. Leider aber gibt es trotz der unzähligen Gipfeltreffen, Konferenzen, Kongresse, Verhandlungen und Abkommen keine brauchbaren Ergebnisse.

Der Politik und den Politikern fehlt offensichtlich die erforderliche Perspektive und ein sicheres Urteil über die Konsequenzen ihres Tuns.

Deshalb ist eine kritische Revision der Standpunkte und Methoden im politischen Denken unerläßlich. Dies erfordert ein höheres Maß an Verantwortung und gegenseitigem Vertrauen als bisher unter Politikern sowie den Vertretern der Parteien und Religionen, es erfordert eine größere Fähigkeit zur Interaktion auf nationaler und internationaler Ebene. Daß dies nicht nur grundsätzlich, sondern auch in der Praxis möglich ist, beweist die jüngste Erfahrung, vor allem in den Fällen, in denen eine vertrauensvolle Zusammenarbeit noch vor einigen Jahren undenkbar erschien.

Da heute die Weltpolitik eine immer größere Rolle spielt, bei der alle Staaten ein Mitspracherecht haben, erfordert eine derartige neue Zusammenarbeit, daß die Mittel der Interaktion unter den Staaten überdacht und erneuert werden, allen voran die *UNO* sowie andere zwischenstaatliche Gremien, wie die *Konferenz für Sicherheit und Zusammenarbeit in Europa (KSZE)*. Der Ausbau dieser Institutionen ist unerläßlich. Dabei müssen aber die Interessen aller Mitglieder der Weltgemeinschaft berücksichtigt werden. Wenn bestimmte Mechanismen für diese neuen Bedingungen fehlen, muß man sie schaffen. Dies wird sehr viel klüger und weit weniger kostspielig sein, als das eigene Recht auf den Schlachtfeldern zu behaupten.

Das gesamte internationale Recht muß erneuert werden. Die derzeit gültigen Normen, die in anderen Epochen geschaffen wurden, entsprechen mittlerweile nur noch in unzureichendem Maß den mit der Zeit gewachsenen Bedürfnissen. Sogar solch brennende Fragen wie das Verhältnis zwischen der staatlichen Souveränität und den Menschenrechten, dem Völkerrecht und dem Recht der Minderheiten haben noch nicht in international anerkannten rechtlichen Normen ihren Niederschlag gefunden.

Insgesamt erscheint es unerläßlich, die notwendigen neuen Schaltstellen zur Problemlösung sorgfältig aufzubauen, ein neues, weltweites, regionales und nationales Sicherheitssystem zu schaffen und so auf einer stabilen Basis bei der Förderung von Friedensprozessen zusammenzuarbeiten. Es gibt keine andere Möglichkeit, um der heutigen Unordnung in der Welt Herr zu werden. Letztendlich liegen die Ursachen für die gegenwärtigen Probleme nicht außerhalb, sondern in uns, in unseren gegenseitigen Beziehungen, in der Beziehung zur Gesellschaft und zur Natur. Alles übrige ist eine Folge davon. *Wir müssen vor allem uns selbst ändern.*

Ich beziehe mich hier auf meine persönliche Erfahrung. Am Anfang der *Perestroika* formulierten wir die Regel: *Wir müssen mit der Perestroika bei uns selbst anfangen.* Doch sofort stürzten wir uns darauf, die Gesellschaft zu ändern, und blieben dabei in unserer persönlichen Veränderung weit zurück. Daraus resultieren viele Fehleinschätzungen, Irrtümer und Mißerfolge. In noch größerem Maß gilt dies für das heutige *Rußland*, wo eine ähnliche Diskrepanz zwischen dem natürlichen Wandlungsprozeß und der bewußten Selbsterneuerung auf politischer und moralischer Ebene überaus beklagenswerte Folgen nach sich zieht.

Politische und technische Lösungen sind nützlich, doch sie werden kein Ergebnis bringen, wenn sie nicht von einer radikalen geistigen Erneuerung und moralischen Läuterung gestützt werden.

Aus meinen Worten soll nun nicht der Schluß gezogen werden, ich sei dem Pessimismus verfallen.

Die Zeit der Krise ist nicht nur eine Zeit der Schwierigkeiten und Prüfungen. Es ist auch eine Epoche des Umbruchs, die neue Möglichkeiten eröffnet.

Im Hinblick auf die Ereignisse, die im Mai 1968 in *Paris* stattfanden, fällte *General de Gaulle* ein sehr treffendes Urteil: *Wir leben in einer Welt, in der die Menschen Veränderungen wollen, meist ohne konkret zu wissen, welche.* Heute, an der Schwelle zum 21. Jahrhundert, betrifft der Wandlungsprozeß die ganze Welt. Doch in ihrem Verständnis bleiben die Menschen hinter den Ereignissen zurück und wissen oft nicht, wie sie die Veränderungen nutzen sollen und was sie selbst dazu beitragen müssen, um ihr Leben zum Besseren zu wenden.
Den größten Umwälzungen der Geschichte gingen stets Umwälzungen im Bewußtsein voraus. Wir haben eine ganze historische Epoche hinter uns gelassen und betreten gerade eine neue Welt, ohne das, was geschehen ist, richtig verstanden zu haben. Inzwischen gingen wahrhaft gigantische Umwälzungen vonstatten, durch die bei allen politischen, spirituellen und moralischen Anstrengungen eines allein zur Hauptaufgabe wurde: Das Überleben der Menschheit und gleichzeitig das des gesamten Ökosystems muß gesichert werden. Doch um das zu leisten, muß man einsehen, daß dann die technologische Gesellschaft, die den Menschen gegen die Natur gestellt hat, ihr Potential erschöpft hat. Sie hat sich zunehmend zerstörerisch entwickelt, und die negativen Konsequenzen daraus werden inzwischen nicht mehr von ihrer konstruktiven und kreativen Kraft ausgeglichen. Nicht mehr die Herrschaft über die Natur, sondern die Harmonie mit ihr muß von heute an oberstes Gebot sein.
Hierzu sind von Grund auf neue Maßstäbe erforderlich, nicht nur quantitative Methoden, an die man oft eher denkt (etwas einschränken, hinzufügen, verbessern), sondern vor allem qualitative Maßstäbe, Werte, die die gesamte Sphäre menschlichen

Tuns umzuformen vermögen. Es ist der Moment gekommen, der gesamten Entwicklung auf Weltebene eine neue Orientierung zu geben.
Hier kann nur auf einige Grundzüge einer solchen Entwicklung eingegangen werden.
Unsere heutige Gesellschaft läßt den Vergleich zwischen verschiedenen Systemen und Methoden bisher kaum zu. Doch ist es an der Zeit, die Kriege auf wirtschaftlicher, interregionaler, ideologischer und innergesellschaftlicher Ebene zu beenden.
Die Gewalt als politische Waffe muß abgelehnt werden. An die Stelle des Konkurrenzdenkens muß allmählich die Zusammenarbeit treten. Es muß eine Gesellschaft der Toleranz zwischen den Kulturen und Nationen entstehen, in der gegenseitiges Verständnis und die Einbeziehung der Vielfalt als Faktor des Fortschritts vorherrschen. Oberstes Prinzip muß sein, daß die Gesellschaft Harmonie zwischen dem Menschen und der Natur schafft und ihre weitere Existenz ermöglicht. Weiter muß vom Menschen innerhalb dieser Welt im Wandel die Rede sein, der sich vor solch außergewöhnliche Aufgaben gestellt sieht.
Hier soll nicht der Versuch unternommen werden, auch nur ein grobes Bild des modernen, einer neuen Kultur würdigen Menschen zu umreißen. Dies erscheint von Anfang an als ein sinnloses und anmaßendes Unterfangen. Was gibt es tatsächlich an Gemeinsamkeiten zwischen den Bewohnern der Städte *Europas* und den *Indios*? Gibt es nicht bereits in einem einzigen Land völlig verschiedene Personen und Persönlichkeiten?
Es ist gefährlich, das menschliche Leben vereinheitlichen und standardisieren zu wollen. Die spirituelle Vielfalt und der kulturelle Reichtum der modernen Welt sind die Quelle ihrer vitalen Kraft. Dies gilt es zu begreifen und zu nutzen.

Dennoch gibt es typische Züge, die weithin der Weltbevölkerung gemeinsam sind.
Immer mehr Menschen aus den verschiedenen Nationen wollen nicht mehr die *tabula rasa* sein, auf die ihre Führer die Buchstaben der Geschichte schreiben.
Zunehmend erhalten die Menschen auch Zugang zu vielfältigen Informationsquellen. Sie sind dadurch nicht mehr abhängig von den Urteilen Außenstehender, sondern können ihre eigenen Antworten suchen und müssen sich nicht mit dem zufriedengeben, was ihnen Politiker, Intellektuelle und Journalisten vorsetzen.
Es sind Anzeichen einer geistigen Auseinandersetzung zu beobachten, vergleichbar mit den großen geistigen Revolutionen der Vergangenheit. Aufgrund seiner inneren Dramatik erinnert mich dieser Prozeß an den berühmten *Michelangelo-Zyklus* der Gefangenen, der die Befreiung des Menschen aus der Macht der starren Materie preist.
Hier existiert eine Quelle für kreative Energie, im Vergleich zu der der Traum vom *perpetuum mobile* verblaßt.
Gleichzeitig mit der Individualisierung des Bewußtseins wird die Sicht des Lebens aus der Perspektive unterschiedlicher Menschen einheitlicher. Vor diesem Hintergrund tauchen immer deutlicher Züge auf, die dem gesamten Menschengeschlecht gemeinsam sind. Es entsteht ein verbindendes Denken mit einer gewissen gemeinsamen Richtung. Die Barrieren zwischen den Bewohnern verschiedener Staaten werden schwächer und brechen zusammen, und man beginnt, sich als Teil des einen Menschengeschlechts in der Geschichte zu begreifen.

Hier werden Anzeichen für ein neues universales Bewußtsein sichtbar, das für die gemeinsame Suche nach Möglichkeiten der Entwicklung auf dem Weg zu einer neuen Gesellschaft als Basis dienen kann.

Um diesen Übergang zu vollziehen, ist eine Stärkung der moralischen Grundlagen der menschlichen Existenz notwendig. Es ist nicht möglich, die Zivilisationskrise ohne eine moralische Erneuerung zu überwinden.

Die fortschreitende Säkularisierung hat zwar bewirkt, daß der Mensch mit seiner Vernunft die Welt immer mehr rational ergründen kann, doch gleichzeitig wurden die moralischen Grundlagen des menschlichen Zusammenlebens geschwächt und manchmal auch schwerwiegend geschädigt. Offensichtlich ist die Zeit gekommen, in der moralische Maximen definiert werden müssen, eine Art moralischer Gebote, die die universalen Grundwerte durchdringen.

Es ist notwendig und dringlich, sich dem moralischen Relativismus in den Beziehungen zwischen den Nationen entgegenzustellen, der nach dem Motto vorgeht: Alles was uns gehört, ist gut, alles, was von den anderen kommt, ist schlecht. Ich hoffe, daß wir alle uns stark genug davon betreffen lassen, daß in unserer Epoche nach einer langen Periode der Konfrontation noch immer jede Nation vor allem sich selbst im Blick hat und ihre eigene Identität neu definiert. Das ist sehr gefährlich.

Meiner Meinung nach muß das Verhältnis zur Natur eines der fundamentalen Kriterien sein, die die moralischen Prinzipien der Menschheit bestimmen. Dabei handelt es sich um einen unabdingbaren moralischen Imperativ, wie es auch die menschlichen Beziehungen sind. Niemand kann der Rache für ein sorgloses Verhalten gegenüber der Natur entfliehen.

Überlegungen wie diese führten vor kurzem zur Gründung des *Grünen Kreuzes*, dessen Präsident ich bin. Wie das *Rote Kreuz* den Opfern bewaffneter Konflikte zu Hilfe kommt, so will sich das *Grüne Kreuz* für die Mobilisierung der internationalen Anstrengungen zur Verteidigung der Natur und für die Opfer ökologischer Katastrophen einsetzen.

Es handelt sich hier um eine enorme gemeinsame Aufgabe von *Gläubigen* und *Nichtgläubigen, Katholiken, Protestanten* und *Orthodoxen*, von *Moslems* und *Juden*, von *Buddhisten* und *Konfuzianern, Sikhs* und *Hindus* und der *Gläubigen anderer Religionen*.

Ein wichtiger Schritt im Bemühen um die Zusammenarbeit unter den Religionen war am Anfang dieses Monats die Ausarbeitung eines Verhaltenscodex beim *World Parliament of Religions* in *Chicago*. Die Philosophie einer gewaltfreien Welt, die Ethik des Mitleids, und das Bewußtsein der umfassenden Verantwortung für das, was in jedem Winkel dieses Planeten geschieht, werden durch die Autorität der Kirchen und der Religionsvertreter gestärkt.

Heute ist die Menschheit an einem Scheideweg angelangt. Die Zeit ist gekommen, in der jeder Mensch, jede Gesellschaft und jeder Staat den je eigenen Standort sehen und seine Rolle im Prozeß der weltweiten Entwicklung wahrnehmen muß.

Ein intellektueller Anstoß in diese Richtung ist unverzichtbar. Kultur und Religion, Wissenschaft und Bildung erfüllen hier eine besondere Aufgabe. Alle, die sich mit der intellektuellen, wissenschaftlichen und religiösen Bildung und der Vervollkommnung des Menschen befassen, tragen dabei eine enorme Verantwortung.

Die Politik braucht neue gemeinsame Grundlinien, die nur eine neue weltweite Wissenschaft ausarbeiten kann. In der Einheit von Politik, Wissenschaft, Religion und Ethik liegt der Schlüssel für die Lösung der Probleme der modernen Menschheit. Nur der vernünftige, verantwortungsvolle und ethisch ausgerichtete Mensch kann den Weg in eine friedliche und menschliche Zukunft ebnen.

(Mailand 1993)

Robert G. Mugabe

Erwartungen aus dem Süden der Welt

Unsere heutige Welt wird von zahlreichen Konflikten und Krisen heimgesucht. Jeder Kontinent muß Unruheherde und Konflikte bewältigen und versucht mit mehr oder minder großem Erfolg, Frieden zu schaffen.

Das Thema meines Vortrags ist ein Gegenstand von enormer Wichtigkeit für die gegenwärtigen internationalen Beziehungen. Zu Beginn möchte ich sagen, daß ich in einem Kontinent lebe, der die Lektion von Krieg und Frieden, Zerstörung und Wiederaufbau, Haß und Versöhnung ganz und gar gelernt hat. Zwei große Weltkriege sind in *Europa* ausgebrochen. Der erste von ihnen forderte 10 Millionen Tote und hinterließ 20 Millionen Kriegsversehrte; im zweiten sind mehr als 50 Millionen Menschen gestorben, und 55 Millionen wurden verwundet. Instabile Situationen in *Europa* haben im Laufe der Geschichte immer wieder die ganze Welt in Mitleidenschaft gezogen. Heute jedoch, unter neuen Bedingungen, setzen wir unsere Hoffnung darauf, daß Wohlstand und Stabilität in *Europa* sich auf die ganze Welt auswirken. Dieses *Europa* von heute steht, wie schon in der Vergangenheit, im Zentrum der Weltgeschichte.

Unsere Welt ist eine gequälte Welt. Nach dem Ende der bipolaren Welt des *Kalten Krieges* entwickelten sich neue Konfliktherde, unruhige Krisengebiete und Orte des Leidens. Und es ist legitim, daß die Opfer dieser Entwicklungen, die Flüchtlinge, die Hungernden, die Armen und die, die getötet oder verstümmelt worden sind, die Frage stellen, ob sich die Weltordnung wirklich geändert hat, oder ob es

sich nur um eine neue Choreographie im traditionellen Ballett der Nationen handelt.
Es ist dieses Problem der Instabilität, das mich stark beunruhigte, während ich über meine heutige Rede nachdachte. Meine Gedanken wurden hier vielleicht besonders geprägt von einem Vers *Shakespeares* aus *König Lear*: *Wir müssen der Last dieser schwierigen Zeit gehorchen: Sagen, was wir empfinden, nicht was wir sagen sollten*.

Neue Ohnmacht und neue Unsicherheiten nach dem Gleichgewicht des Schreckens

Während der Jahre des *Kalten Krieges*, der Ost-West-Rivalität und des damit einhergehenden unnützen Wettrüstens hatten viele Völker keine andere Wahl, als ihre Friedenshoffnungen gerade darauf zu richten. Dabei waren die Beziehungen zwischen den Supermächten auf furchterregende Weise festgefahren und auf gegenseitige Bedrohung gegründet. Nach deren Ende blieb die Weltbühne auf gefährliche Weise von Unsicherheit geprägt, und die einzig logische Reaktion auf die Möglichkeit eines baldigen Kriegsausbruchs war wiederum die Vorbereitung auf den Krieg. Demzufolge plünderten selbst die ärmsten Staaten im Verlauf dieses Prozesses ihre geringen Ressourcen aus und luden sich durch den Kauf von Waffen unglaublich hohe Schulden auf, um so den Frieden durch die Drohung mit dem Krieg aufrechtzuerhalten.
Das Ende des *Kalten Krieges* begünstigte den Weg des Dialogs als eine gangbare Alternative zum Krieg, brachte aber auch neue Herausforderungen von bisher nie dagewesener Komplexität mit sich. Das Verschwinden der Sowjetmacht von der osteu-

ropäischen Bühne setzte neue Wellen von Konflikten in Bewegung und führte zu neuen Unsicherheiten. In *Europa* schob sich immer mehr das Prinzip des Ethnischen in den Vordergrund. Hier bekamen ein engstirniger Nationalismus und die Tendenz neuen Auftrieb, in den früheren größeren osteuropäischen Unionen und Bündnissen schon aufgegebene territoriale Zersplitterungen wieder neu zu errichten. Das Ergebnis war eine oft erbarmungslose und verwerfliche Zerstückelung, die darüber hinaus überall in der Welt ihre Entsprechung fand, auch in meinem eigenen Kontinent *Afrika*. Es ist, als ob es einen neuen Virus gäbe, der auf unserem ganzen Planeten Tod und Zerstörung verbreitet.

Ein jeder hat sicherlich das Recht, sich zu fragen, warum die Fähigkeiten zur Problemlösung und die über Jahre gesammelten Erfahrungen, vor allem hier in *Europa*, nicht wirkungsvoller angewandt worden sind, als es gegenwärtig scheint, um so dem Unverständnis, das diese Konflikte verursacht, ein Ende zu bereiten. Sicherlich sprechen diese Konflikte durch ihre Zerstörungswut und den ihnen zugrundeliegenden Haß unseren Ansprüchen an Moralität und Transparenz Hohn.

Wir haben Städte und mit ihnen Flughäfen, Schulen und Krankenhäuser, Flüchtlingslager und sogar Kirchen in Schlachtfelder verwandelt, die den Menschen weder Schutz noch Mittel zu einem menschenwürdigen Leben bieten. Wir haben versucht, diejenigen zu töten, ja vollständig auszulöschen, deren Vergehen darin bestand, nicht unsere Sprache zu sprechen, sich in Kultur oder Hautfarbe von uns zu unterscheiden, oder sich vielleicht aufgrund der Wechselfälle der Geschichte auf »unser« Territorium verirrt zu haben.

Für diejenigen, die nicht direkt in all das involviert sind, bleibt ein Gefühl der Ohnmacht an der Tagesordnung. Es ist, als sei der erschreckende Anblick von knochigen, unterernährten Männern, Frauen und Kindern zu einem dunklen Fleck auf dem Gesicht der Erde, zu einem festen Bestandteil der von der Menschheit zu verantwortenden Katastrophen geworden. Die Lieferung und Verteilung von Nahrungsmitteln und medizinischen Hilfsgütern an die Notleidenden scheint heute zu einer unerträglichen Bürde geworden zu sein, zu einer Aufgabe, die so langwierig ist, daß sie gar nicht erst begonnen werden kann. Es gibt zahlreiche Beispiele: *Bosnien-Herzegowina, Nagorni-Karabach, Somalia, Liberia, Afghanistan* ..., und man könnte beliebig fortfahren.

Rückbesinnung auf die Grundwerte der Menschheit

Es ist zwingend notwendig, daß der Einsatz für die Grundwerte der Menschheit erneuert wird und dabei alle Religionen ihre Unterstützung leisten, vor allem im Hinblick auf die Prinzipien der Unverletzlichkeit und Heiligkeit des Lebens, der Versöhnung und der Einheit, der Freiheit, Gerechtigkeit und Gleichheit aller Kinder Gottes. Wir haben keine andere Wahl, wenn die internationalen und nationalen Beziehungen in der Welt normalisiert werden sollen. Erst wenn die Menschheit auf diese Weise erneuert ist, können wir die grundlegenden Menschenrechte und die Prinzipien guter Nachbarschaft wieder schätzen und die Souveränität anderer Staaten respektieren. Nur in einem solchen Klima können souveräne Staaten, große und kleine, reiche und arme, in fruchtbaren Austausch treten und friedlich miteinander leben.

Technologischer Fortschritt und Wohlstand allein sind nicht imstande, ein harmonisches Verhältnis zwischen den Staaten zu schaffen. Hinzukommen muß der Dialog als einzig mögliches und wirksames Mittel zur Rettung der Beziehungen zwischen den Menschen, den Staaten und den Regionen dieser unserer unseligen Welt.

Obwohl *Europa* große Schritte unternommen hat, die Integration zu fördern, wurde dieser Kontinent wie die übrige Welt von den plötzlichen und gewaltsamen Veränderungen in *Osteuropa* überrascht. Wie schon bemerkt, stellt die Bewältigung der hochkomplexen und nicht vorhergeplanten Veränderungen in dieser Region eine unmittelbare Herausforderung, insbesondere für *Europa*, aber auch für alle anderen Regionen dar. Die nationalistischen Tendenzen in den *ehemaligen Sowjetrepubliken* und im *ehemaligen Jugoslawien* sind hochexplosiv und führen zu Trennungen. Sie stellen eine große Bedrohung des Friedens und der Sicherheit in der Welt dar, wenn man ihnen nicht mit Entschiedenheit begegnet. Die *Rolle der UNO* ist dabei von wachsender Bedeutung in diesen und ähnlichen Situationen rund um die Welt. Wir fordern die reichen Länder dringend auf, diese Organisation dabei zu unterstützen, und noch mehr zu tun, die Mittel zur Verfügung zu stellen, die sie benötigt, um ihre sehr wichtigen Aktivitäten durchzuführen, nämlich den Frieden zu schaffen und zu wahren und den Dialog unter Konfliktparteien zu fördern.

Über die Kooperation bei der Suche nach Lösungen in Konfliktsituationen hinaus müssen wir mit Phantasie und Weitblick die Probleme und Streitfragen angehen, die die Entwicklung einer harmonischen und menschlicheren Weltordnung bislang verhindert haben. Die wirtschaftlichen Beziehungen zwi-

schen Nord und Süd sind unter anderem hier zu nennen.
Da *Europa* ein einheitlicher Markt wird, besteht die Hoffnung, daß die daraus resultierende wachsende Produktivität der Gemeinschaft die Fähigkeit steigert, für beide Seiten fruchtbare Beziehungen mit den Staaten des Südens, einschließlich *Afrikas*, einzugehen, insbesondere was Hilfsleistungen und Handel betrifft. Wir können nur hoffen, daß *Europa* nicht zu einer uneinnehmbaren Festung wird, die den anderen Ländern zum Schaden gereicht und sie ausgrenzt. Wir werden die *Europäische Gemeinschaft* herausfordern müssen, damit sie in ihrer Politik Entwicklungen vermeidet, die die *GATT-Prinzipien* der Transparenz, des Multilateralismus und der Nicht-Diskriminierung in Frage stellen.

Auf dem Weg zu einer neuen Wirtschaftsordung durch Kooperation

Die Zusammenarbeit zwischen *Europa* und uns sollte motiviert sein durch das Streben nach Entwicklung, nach Ausrottung der Armut und nach der Bewahrung der Umwelt, um unsere gemeinsame Zukunft zu bewahren und zu fördern. Es gibt viele Fragen und Schwierigkeiten in unseren wirtschaftlichen Beziehungen, die dringend nach Lösungen verlangen. Die *Schuldenkrise* ist bei weitem das gewaltigste Hindernis für Wachstum und Entwicklung der Länder in *Afrika* und anderswo, weil die Verpflichtung zur Rückzahlung von Kapital und Zinsen oft die Aufnahme neuer Kredite erfordert und so im Ergebnis die entwickelten Länder von der *Dritten Welt* profitieren. Es ist nicht möglich, den Schuldenberg der Entwicklungsländer zurückzuzahlen, vor allem angesichts der Tatsache, daß die Entwicklungen auf dem internationalen Markt, besonders die Veränderungen der Zinssätze und der Warenpreise, das Schuldenniveau einschließlich der Zinsschulden vergrößern.

Sicherlich müssen die Modelle der nationalen und internationalen Einkommensverteilung umgewandelt werden. Es muß einen Wandel in den internationalen Wirtschaftsbeziehungen geben, wenn wir die Armut ausrotten, die Umwelt bewahren und den internationalen Frieden fördern wollen.

Hinsichtlich der *Umweltfrage*, die wirklich eine Überlebensfrage der Menschheit ist, zeigt sich deutlich, daß die Konsumgewohnheiten in *Europa* und im übrigen Norden zur Vergrößerung des Ozonlochs und zu anderen Umweltschädigungen beigetragen haben. Zweifellos hat die Zerstörung der Ressourcen und der Tropenwälder Armut verursacht und sich katastrophal auf die Umwelt ausgewirkt, doch welche Alternative haben die Armen, um ihr Überleben zu sichern?

Europa und der Norden im allgemeinen sollten die Möglichkeit in Erwägung ziehen, den notwendigen Wandel ihres Lebensstils zu vollziehen, indem sie ihre Hoffnung auf die verbleibenden Wälder, die saubere Luft und die Flora und Fauna setzen, über die der Süden dieser Welt verfügt. Realistische Lösungen für die Schaffung eines neuen Gleichgewichts in der Umwelt, und zwar in allen Ländern, den armen wie den reichen, sind erforderlich. Die Armut, der Hauptgrund für die Verschlechterung der Umweltsituation in unseren Ländern, muß beseitigt werden, und wir alle können dazu beitragen.

Hinsichtlich der Möglichkeiten des Dialogs haben wir im südlichen *Afrika* in letzter Zeit einige Anzeichen für eine positive Entwicklung gesehen. Der Abschluß des *Friedensprozesses in Namibia* im Jahre 1990 war eine große Leistung. *Angola* und *Mosambik* haben den Frieden durch Dialog erlangt oder sind gerade dabei, ihn zu erlangen. Bei dieser Gelegenheit möchte ich gegenüber der *Gemeinschaft Sant' Egidio*, dem Veranstalter dieser Begegnungen, die gebührende Hochachtung zum Ausdruck bringen, weil sie das, was sie predigt, in die Tat umsetzt. Ihre Rolle als Gastgeber und Förderer im mosambikanischen Friedensprozeß findet den Beifall von uns allen. Wir haben auch die Hoffnung, daß alle die, die am Friedens- und Demokratisierungsprozeß in *Südafrika* beteiligt sind, sich die Hände reichen und den Dialog in jeder Form suchen, um Einigung unter den verschiedenen Gruppen herbeizuführen, denn es gibt keine wirkliche menschliche Alternative zum Dialog. Insbesondere müssen die unbarmherzigen Massaker und die Verbreitung von Gewalt endgültig aufhören.

Als menschliche Wesen bestimmen wir weder den Beginn noch das Ende des Lebens. Unsere weitere Existenz auf diesem Planeten wird aber weitgehend von unserer Fähigkeit abhängen, zu verstehen, daß wir nur ein Teil eines komplexen Kosmos sind, in dem immer ein zerbrechliches Gleichgewicht aufrechterhalten werden muß, um die gewaltige Vielfalt des Lebens, die immer wieder offenbar wird, zu bewahren. Nach uns folgen unsere Kinder, und nach ihnen ihre Kinder. Das Leben muß nicht nur weitergehen, sondern seine Entfaltung muß auf die beste und lebbarste Art für alle Lebewesen möglich sein.

Jeder hat seinen Nächsten

Wir haben die Pflicht zur Veränderung. War es nicht *Goethe*, der sagte, daß der, der nicht vorwärtskommt, rückwärts geht? Man kann nicht stehenbleiben, denn die Natur akzeptiert keine Untätigkeit und erlaubt kein Vakuum. Wir müssen deshalb freiwillig immer weiter auf dem Weg des Fortschritts vorwärtsgehen auf eine bessere Welt zu, in der die Beziehungen zum Nächsten freundschaftlicher und positiver sind.

Wer aber ist mein Nächster?, so wird man möglicherweise fragen. Auf diese Frage hat *Jesus* vor langer Zeit geantwortet. Für den *Serben* ist es der *Kroate*, für den *Russen* ist es der *Ukrainer*, für den *Engländer* der *Ire*, für den *Amerikaner* der *Kubaner*, für den *Türken* der *Grieche*, für den *Israeli* der *Palästinenser*, für den *Iraker* der *Kuwaiter*, für den *Vietnamesen* der *Kambodschaner*, für den *Tigrer* der *Amhare*, für den *Kikuyu* der *Massai*, für den *Ovambo* der *Herero*, für den *Ashanti* der *Ewe*, für den *Hausa* der *Ibo*, für den *Mauretanier* der *Senegalese*, für den *Bemba* der *Chewa*, für den *Shangani* der *Nyungwe*, für den *Tutsi* der *Hutu*, für den *Buren* der *Brite*, für den *Weißen* der *Schwarze*, für den *Xhosa* der *Zulu*, für den *Hindu* der *Moslem*, für den *Moslem* der *Christ*, für den *Christen* der *Jude*, für den *Wallonen* der *Flame*, und – in der Situation meiner eigenen Heimat – für den *Shona* der *Ndebele*, für den *Schwarzen* der *Weiße*, und immer auch umgekehrt in jedem dieser Fälle.

Wir müssen eine neue Geschwisterlichkeit unter den Nationen wie auch unter den Individuen suchen. *Europa* stellt heute ein Symbol dar für alle Nationen, die einen Wandel zum Besseren erstreben. Es hat seine Grenzen des Fortschritts, des

Wohlstands, des Friedens und der Stabilität ausgeweitet. Darüberhinaus hat *Europa* mit dem Fall der Berliner Mauer und dem Triumph der Freiheit über den Dogmatismus, der Demokratie über den Totalitarismus und der Rechtsstaatlichkeit über Willkürherrschaft wirklich neue Perspektiven für die ganze Menschheit eröffnet.

Ein vereintes, von jahrhundertelangem Streit und Rivalitäten befreites *Europa* hat die wichtige Rolle, die Energien der Welt in Richtung auf die Probleme der Armut, des Friedens und der Sicherheit zu bündeln, auf eine Welt zu, die durch Kooperation und Einhaltung des Rechts ihre Ordnung aufbauen will. Dabei wird die übrige Welt die Rolle *Europas* ergänzen. Die Perspektiven und Reichtümer *Europas* sind mit denen der ganzen Welt verflochten. Deswegen wird es für *Europa* unmöglich sein, eine Insel des Wohlstands in einem Meer der Armut zu bilden oder eine Oase der Ruhe in einer von Problemen aufgewühlten Wüste.

Europa muß ein weit ausstrahlendes Beispiel der Nächstenliebe und der gutnachbarlichen Beziehungen auf nationaler und internationaler Ebene geben. Eine Demokratie, die auf bloßen politischen oder nur verfassungsmäßigen Prinzipien basiert, wird zur Fassade und zerfällt, wenn sie durch ethnische Diskriminierung bis hin zur physischen Verfolgung geschwächt wird.

Es scheint, daß *Europa* seine christlichen Werte nie in dem Maß assimiliert hat, wie wir es immer glaubten. Die Umsetzung dieser Werte läßt noch viel zu wünschen übrig. Die christlichen Kirchen und alle anderen etablierten Religionen müssen eine wahre Kampagne ins Werk setzen, ja wirklich einen neuen Kreuzzug, um all unseren Gesellschaften rund um den Erdkreis die wahren moralischen Werte zu ver-

mitteln, vor allem die, die mit den Beziehungen von Mensch zu Mensch und in einem weiteren Kontext mit der Beziehung des Menschen zu Gott und dem Universum in Zusammenhang stehen.
Der Friede, diese schwer faßbare Bedingung für jede Freundschaft, muß verschiedene Dimensionen haben, um Beständigkeit zu erlangen. Innerhalb territorialer Grenzen muß er zuerst zwischen den einzelnen Menschen herrschen, bevor er zwischen Clans, Stämmen und Gemeinschaften herrschen kann, und erst dann kann er national sein. Er muß auf die Nächstenliebe gegründet sein, die die Basis für jede nationale Versöhnung bildet.
Der nationale Friede, den die Länder einer Region genießen und teilen, zum Beispiel in *Osteuropa*, im südlichen *Afrika* oder im *Mittleren Orient*, kann sicherlich den Frieden zwischen verschiedenen Regionen und die friedliche Zusammenarbeit unter den Ländern und Nationen fördern. Und der Friede innerhalb der Regionen eines Kontinents als logische Konsequenz ihrer inneren Befriedung würde die Chancen für die Verwirklichung des internationalen Friedens erheblich erhöhen, weil die Kontinente durch vielfältige Beziehungen miteinander verknüpft sind, innerhalb und außerhalb des Organismus der *Vereinten Nationen*. Daher muß *Europa* zuerst mit sich selbst im Frieden leben, bevor es hoffen kann, andere Länder erfolgreich in Frieden und Demokratie zu schulen.

(Löwen 1992)

Kardinal Alexandre Dos Santos
und Erzbischof Jaime Goncalves, beide Mosambik,
entzünden die Friedensflamme
Florenz 1995

Mario Soares

Die Bedeutung der Religionen für den Frieden – Anfragen eines Politikers

Sehr geehrter Herr Präsident, liebe Freunde,
lassen Sie mich meiner Dankbarkeit für die mir von der *Gemeinschaft Sant' Egidio* zuteil gewordene Ehre Ausdruck verleihen. Sie hat mich eingeladen, zusammen mit so vielen herausragenden Persönlichkeiten an dieser internationalen Begegnung von *Uomini e Religioni* in Assisi teilzunehmen.
Neben anderen bedeutenden Verdiensten ist die *Gemeinschaft Sant' Egidio* für mich mit den geduldigen Friedensverhandlungen für *Mosambik* eng verbunden, die schließlich von Erfolg gekrönt waren und diesem leidgeprüften Land den Weg zur Demokratie geebnet haben. Das Land wird hier vertreten durch *Don Jaime Gonçalves*, Erzbischof von *Beira*, den ich als herausragenden Vertreter der Kirche seines Landes herzlich begrüße.
Mosambik ist bekanntlich ein Bruderland *Portugals*, in dem die portugiesische Sprache gesprochen wird, mit dem wir also aufgrund der Geschichte und Kultur untrennbar verbunden sind. Die grundlegende Rolle, die die *Gemeinschaft Sant' Egidio* im Friedensprozeß und beim Übergang *Mosambiks* zur Demokratie gespielt hat, macht mich in großer Dankbarkeit bereit, diese und jede Einladung, die die Gemeinschaft an mich richtet, dankbar anzunehmen.
Hinzu kommt die Tatsache, daß unsere Begegnung in *Assisi*, dieser wahren *Stadt des Friedens*, in der Nachfolge anderer Treffen steht, die kontinuierlich in den vergangenen Jahren stattgefunden haben. Sie verfolgt das Ziel, im Dialog zwischen den unter-

schiedlichen Kulturen und Religionen auf der Basis von Toleranz und wechselseitigem Respekt Wege zum Frieden zu suchen.
Ich glaube nicht, daß es in unserer Zeit etwas Dringlicheres und Entscheidenderes für die Menschheit gibt als die Errichtung des Friedens – eines Friedens, der am Ende dieses Jahrtausends von drei Hauptsäulen getragen sein muß: von Gerechtigkeit auf internationaler Ebene, von Entwicklungshilfe, die, wie *Papst Paul VI.* gesagt hat, der *andere Name für Frieden* ist, und von Respekt vor dem anderen und Fremden.
Man war der Meinung, daß mit dem Zusammenbruch der Sowjetherrschaft und mit einer weltweiten Absage an den Totalitarismus die Welt den Anbruch einer Friedenszeit erleben würde, jenen universalen Frieden, der auf die Freiheit und die Einhaltung der Menschenrechte gegründet ist, wie schon *Immanuel Kant* gesagt hat. Doch bereits wenige Monate nach der Euphorie, die durch die Zerstörung des Eisernen Vorhangs und durch den Fall der Berliner Mauer ausgelöst worden war, hat man, nicht zuletzt durch den Golfkrieg, begreifen müssen, daß die großen Probleme und Schwierigkeiten gerade erst begonnen hatten. Mit einem Bild aus der griechischen Mythologie können wir sagen, es war so, als habe sich die Büchse der *Pandora* gleichsam von neuem geöffnet und als seien aus ihr alle Übel dieser Welt neu ausgetreten. Vieles von dem, was aufgrund der andauernden Rivalität unter den Supermächten im Dunkel lag, ist zum Vorschein gekommen, tiefgreifende Unausgewogenheiten, die unsere Welt kennzeichnen: die immer größer werdende Kluft, die auch in den entwickelten Ländern die Reichen von den Armen, die Nationen von den Individuen trennt; die unkontrollierbare Bevölke-

rungsexplosion, die den Grund für zahlreiche und verwirrende Polemiken bietet; die Aggressionen, denen unsere Erde, ein sich ständig weiterentwikkelndes Ordnungsgefüge voller unergründlicher Wunder, eine ökologische Einheit mit empfindlich schwankendem Gleichgewicht, täglich zum Opfer fällt; die Unordnung der Welt mit ihrem zerbrechlichen System des internationalen Rechts, dessen Normen auf Schritt und Tritt verletzt, umgangen oder partikularen Interessen geopfert werden; das Aufflammen schrecklicher Stammeskriege in *Afrika* oder die durch das Wiederaufleben aggressiver Nationalismen entstandenen Kriege wie im *ehemaligen Jugoslawien* oder in den Staaten der *ehemaligen Sowjetunion*; das Aufflammen von Kriegen mit deutlich wirtschaftlichen Zielen, die sich hinter großartigen humanitären Prinzipien verbergen, wie in *Kuwait* oder in *Somalia*; soziale Unruhen, die plötzlich ausbrechen, unvorhersehbar und unkontrollierbar, wie bei den Unruhen von *Los Angeles* oder *Chiapas* in *Mexiko*; die auf internationaler Ebene in einem großen Netzwerk und Machtapparat organisierte Kriminalität, vor allen Dingen der Drogen- und nun auch der Plutoniumhandel; ein gewisser aggressiver religiöser Fundamentalismus, der, was bis vor einigen Jahren noch undenkbar gewesen wäre, anscheinend mit Leichtigkeit in Ländern mit komplexen sozio-ökonomischen Problemen wie *Algerien* oder *Ägypten* Fuß faßt; das Entstehen neuer Formen von Rassismus, von Fremdenfeindlichkeit, von sinnloser Gewalt, die erneut in den am meisten entwickelten Ländern des Westens eine bestimmte Schicht von Jugendlichen, die ohne Arbeit und Hoffnung sind, infiziert. All dies führt uns mit wachsender Besorgnis zu der Frage: Wohin gehen wir in unserer Gedankenlosigkeit und Unvorsichtigkeit?

Welche Antworten müssen gerade wir als verantwortliche Politiker auf die Probleme geben, die uns täglich vor immer neue Fragen stellen?
Das Thema des Kongresses, der uns in dieser wunderschönen Stadt *Assisi* zusammenkommen läßt, umgeben von dem inspirierenden, schützenden, liebenden und treuen Geist des *heiligen Franziskus*, stellt den interreligiösen Dialog für den Frieden in den Mittelpunkt. Man hat mich gebeten, genauer zu untersuchen, was die Anfragen oder Forderungen sind, die ein Politiker im Hinblick auf den Frieden an die Religionen stellt.
Ich muß zum besseren Verständnis sagen, daß ich aus *Portugal* komme, einem mehrheitlich katholischen Land, mit einer Geschichte, in der beachtliche Kräfte für die missionarische Evangelisation aufgewandt wurden, die freilich seit dem 16. Jahrhundert einherging mit der portugiesischen Kolonialpolitik. Es handelt sich auch um ein Land, das in der darauffolgenden Zeit von religiösem Fanatismus und Intoleranz heimgesucht wurde, das Juden (wie *Spinoza*) vertrieben hat und das im 17. und 18. Jahrhundert, einer Zeit tiefgreifender Dekadenz, von Inquisition und Ketzerverbrennungen geprägt war. In unserem Jahrhundert, in den langen Jahren der rückständigen Diktatur, die wir erlebt haben, hat sich die portugiesische Kirche, abgesehen von einigen wenigen lobenswerten Ausnahmen, nie in besonderer Weise im Kampf für die Freiheit, für die Verteidigung der mißachteten Menschenrechte oder zugunsten der Emanzipation der kolonisierten Völker hervorgetan.
Obwohl ich aus einer einfachen und traditionell katholischen Familie stamme – mein Vater war ein progressiver Katholik, noch bevor dieser Begriff existierte, er war fromm und verehrte den *Poverello*

von *Assisi* –, stand ich wegen meines politisch-demokratischen Engagements der Kirche fern und verstand mich als Agnostiker. Während meiner Jugend war es schwierig, einen Dialog mit gemeinsamer Perspektive zwischen Gläubigen und Nichtgläubigen zu führen. Die gegensätzlichen politischen Ansichten führten zu Spaltungen und behinderten eine auf gegenseitiges Vertrauen aufbauende Kommunikation.
Das *Aggiornamento* der Kirche und das *Zweite Vatikanische Konzil* veränderten die Situation entscheidend. Ich bin stolz darauf, vor dreißig Jahren der ersten Bewegung angehört zu haben, in der Gläubige und Nichtgläubige zusammenarbeiteten. Unser gemeinsames Organ war die Kulturzeitschrift *Il tempo e il mondo*. Sie versuchte, durch die Maschen der damals existierenden Zensur zu schlüpfen und kämpfte für die Wiederherstellung der bürgerlichen Freiheiten und gegen die Kolonialkriege, die die Jugendlichen aus *Portugal* und den portugiesischen Kolonien *Afrikas* zum Töten, Sterben oder zur Auswanderung verurteilten.
Die aus der *Nelkenrevolution* vom April 1974 ohne Blutvergießen hervorgegangene zweite portugiesische Republik war freiheitlich orientiert und vermied sorgfältig die Fehler der ersten Republik (1910–25), welche der Diktatur (1926–74) vorausgegangen war, besonders auch in den Bereichen, die die Beziehungen zwischen Kirche und Staat betreffen. Glücklicherweise haben sich in *Portugal* die religiösen Konflikte, zu denen es während der ersten Republik gekommen war, nicht wiederholt. Gegenwärtig herrscht eine Atmosphäre der Zusammenarbeit zwischen dem Staat und den Kirchen, wobei mit der katholischen Kirche ein Konkordat geschlossen wurde. Man respektiert sich gegenseitig und unter-

läßt jede Einmischung in die Handlungsbereiche des anderen. Es herrscht völlige Religionsfreiheit, die selbstverständlich auch die Freiheit, keiner Religion anzugehören, einschließt.
Unter diesen Bedingungen ist der Dialog zwischen Gläubigen und Nichtgläubigen in *Portugal* heute zu einer alltäglichen, reichen und fruchtbaren Realität geworden. Man hat die alten gegenseitigen Ressentiments überwunden und schätzt und bewundert nun den kulturellen Beitrag, den die Kirche im Laufe unserer Geschichte geleistet hat.
Daher bin ich, wie gesagt, über die Einladung der Gemeinschaft Sant' Egidio, die ich sehr bewundere, nicht überrascht. Angeregt durch die Initiative der Religionen und ermuntert durch die ökumenische Bewegung wurden die Kontakte zwischen den Menschen guten Willens mit ihren sehr unterschiedlichen Vorstellungen und Ursprüngen allmählich wieder stabiler. Sie fühlen sich durch gemeinsame Ideen und Werte und vor allem durch den höchsten Wert für die Menschen und Nationen, den Frieden, verbunden. Ich zweifle nicht daran, daß die Sehnsucht nach dem Frieden von vielen geteilt wird und im Herzen der meisten Menschen verwurzelt ist. Deswegen stellen wir uns die Frage, welche Fehler in der Welt begangen werden, die die Menschen immer wieder im Morast der Kriege versinken lassen.
Das Engagement der Religionen in der ökumenischen Bewegung seit der Nachkriegszeit, vor allem die Gründung des *Ökumenischen Rates der Kirchen* im Jahre 1918 und die von *Papst Johannes XXIII.*, dem *Zweiten Vatikanischen Konzil* und von *Papst Paul VI.* ausgehenden wichtigen Impulse der katholischen Kirche gehören aus meiner Sicht zu den wichtigsten Vorgängen unseres Jahrhunderts. Hier

geht es nicht nur um einen Dialog, der Toleranz und Respekt gegenüber anderen voraussetzt, sondern um die Anerkennung der grundlegenden Einheit aller Menschen und der besonderen Würde des einzelnen, unabhängig von Rasse, Hautfarbe, Religion oder sozialem Status. Entscheidend ist, daß der besondere Auftrag eines jeden anerkannt wird, mit seiner Fähigkeit, einen eigenen Beitrag zur Wahrheit und zum Frieden zu leisten. Ich bin tief davon überzeugt, daß ein solcher interreligiöser Dialog, wie ihn die ökumenische Bewegung mit Beharrlichkeit, gesundem Menschenverstand und Entschlossenheit vorantreibt, den Politikern einen wirklichen Zugang zur Förderung und zum Aufbau des Friedens durch das Gespräch und die Annäherung von Völkern und Kulturen eröffnet hat.

Welche Forderungen und Anfragen kann ein Politiker heute an die Religionen stellen? Ich versuche eine Antwort, die notwendigerweise lückenhaft, unvollständig und unzureichend ausfallen muß. In erster Linie wünsche ich, daß Religionen nicht mehr untereinander Krieg führen, auch nicht aus vorgeschobenen Motiven. Was eine Religion auszeichnet, ist eine bestimmte Vorstellung von der Existenz und folglich auch von der Wahrheit, die von Gott geoffenbart ist. Welche Anstrengung muß also von einer jeden Religion aufgebracht werden, um die anderen zu verstehen und das unter den scheinbaren Unterschieden herauszufinden, was ihnen gemeinsam und vielleicht wesentlich ist! Es ist dieselbe Bemühung um Annäherung, verbunden mit dem Respekt vor dem Wesentlichen, wie sie in den letzten Jahren auf den Gebieten der Naturwissenschaft, Philosophie und Religion unternommen wurde, die bis vor kurzem noch unwiderruflich voneinander getrennt, wenn nicht sogar gegensätzlich zu sein schienen.

Zum zweiten gestatte ich mir die Aufforderung, und zwar an die Religionsgemeinschaften und an die Staaten, die gegenseitige Abgrenzung, ein friedliches Nebeneinander und Zusammenleben auf solide rechtliche Grundlagen zu stellen. Dies wäre im Interesse der Religionen, die so frei davon wären, sich in den Prozeß der Macht, der niemals unschuldig ist, einzuschalten oder sich von ihm versuchen zu lassen. Dies würde aber auch dem Interesse der Staaten entsprechen, denn im Falle ihrer völligen Unabhängigkeit haben die Religionen mehr Spielraum, mit ganzer Autorität Kritik an eventuellen Menschenrechtsverletzungen, an sozialen Mißständen oder Angriffen auf die soziale Gerechtigkeit zu üben, was für die Staaten selbst auf längere Sicht nur nützlich sein kann. Die Trennung von Kirche und Staat, die heute die Regel in den westlichen Gesellschaften der Gegenwart ist und damit das Gegenstück zu den alten theokratischen Staaten darstellt, wird heute von der Mehrzahl der Religionen als Errungenschaft angesehen, mit der sie zufrieden sein können und von der beide Seiten profitieren.

Aber man muß vorsichtig sein: Der Satz: *So gebt dem Kaiser, was dem Kaiser gehört und Gott, was Gott gehört* (Mt 22,21), der erlaubt, in eindeutiger Weise die weltliche und zeitliche Ordnung von der spirituellen zu unterscheiden, darf nicht als Desinteresse der Religionen am Leben der Menschen und damit an den Fragen der Gerechtigkeit, Solidarität und Freiheit aufgefaßt werden. Das Zusammensein mit anderen ist ein Bestandteil der *conditio humana* und darf den Religionen nicht fremd bleiben.

Dieser Punkt führt zur dritten Forderung: Die Religionen sollen ihre Sorge um Solidarität und Gerechtigkeit klar zum Ausdruck bringen. Es bedarf des Mutes, die schwerwiegenden Ungerechtigkeiten anzuprangern, die auf dieser Welt herrschen. Zwar leben wir zunehmend in einer einzigen Welt, doch ist diese von sozialen Spannungen und Interessenkonflikten zerrissen, die schreckliche Unruhen zur Folge haben können. Zudem ist die Welt wegen sozialer Schranken zwischen Reichen und Armen, Privilegierten und Benachteiligten gespalten, die schwer zu überwinden sind und selbst in den höher entwickelten Ländern ein Land gegen das andere und die Menschen gegeneinander aufbringen. Die Kirchen mit ihrer anerkannten geistlichen Autorität dürfen nicht aufhören, ihre Stimme zum Protest zu erheben und sich Gehör zu verschaffen. Die Freiheit, von der wir so oft sprechen, hat keinen Sinn, wenn es Hunger und Mangel an so vielem gibt, und Frauen und Männer unter unwürdigen Bedingungen leben müssen. Niemand darf diesem entscheidenden Problem unbeteiligt gegenüber stehen, das, wie *Willy Brandt* in seinem berühmten Nord-Süd-Bericht gezeigt hat, einen wahren *Imperativ des Überlebens* für die Menschheit darstellt.

Schließlich möchte ich an die Religionen, und besonders an die verschiedenen hier vertretenen Kirchen, die Bitte richten, ihre Initiativen für den Frieden auf konkrete, dauerhafte und kontinuierliche Weise auszuweiten.

An der Schwelle zu einem neuen Jahrtausend wage ich den Gedanken, daß Kriege nicht nur unmoralisch sind und sich nicht rechtfertigen lassen, sondern zudem noch überholt sind. Sie lösen die Probleme nicht und machen das Leben für alle kompliziert. Wir sind in diesem Jahr Zeugen von bemerkenswerten Fortschritten, die als besonders positiv hervorzuheben sind, schienen sie doch bis vor kurzem noch undenkbar: der Friede zwischen Palästinensern und Israelis, der über direkte Verhandlungen erreicht wurde; die Lösung, die zur Überwindung des schlimmen Problems der Apartheid und zur Durchführung der ersten allgemeinen Wahlen in der *Republik Südafrika* ausgehandelt wurde; die laufenden Verhandlungen zur Beendigung des Konflikts in *Nordirland*; der Frieden in *Mosambik* und die Vorbereitung von Wahlen, die das Land zu einem normalen demokratischen Leben führen sollen; der Friede, der sich offenbar nach den Verhandlungen von *Lusaka* gerade in *Angola* zu konkretisieren beginnt.

Das sind ermutigende Fortschritte, die von allen wahren Verfechtern des Friedens freudig aufgenommen werden sollen. Es bleibt jedoch noch eine Menge zu tun. Die *Vereinten Nationen* müssen durch eine rasche Umstrukturierung wieder mit den notwendigen finanziellen Mitteln und mit Autorität ausgestattet werden. Der Dialog muß auf allen Ebenen intensiviert werden, und es müssen Kommunikationswege zwischen den Menschen und den Institutionen geschaffen werden, indem man rechtzeitig die technischen Kommunikationsmittel ausschöpft, die die Wissenschaft der Menschheit zur Verfügung stellt. Der Waffenhandel muß auf internationaler Ebene direkt bekämpft werden, indem man die infamen und widerwärtigen Geschäfte aufdeckt, mit denen sich einige wenige auf Kosten des Lebens von vielen bereichern; dem Kult um Gewalt, Pornographie und Drogen, der uns durch das Fernsehen täglich zu Hause überflutet, muß ebenfalls entschieden entgegengewirkt werden.

Wir befinden uns in einer Zeit des Wandels und des Übergangs von technokratischen und bürokratischen Gesellschaften, die an Geld und Macht orientiert sind, hin zu Gesellschaften des Dialogs, der Multikulturalität und der Toleranz. Ich sage das mit einem gewissen Optimismus. Die Religionen spielen dabei eine fundamentale Rolle, ebenso wie die Universitäten, die Wissenschaft, die Künste und die Philosophie. Auf der ganzen Welt warten Frauen und Männer sehnlich auf Hilfe, die ein wenig Trost in ihren Sorgen, Ruhe für die Zukunft und Hoffnung auf ein besseres Leben spendet. Diese Ängste, Sorgen und Hoffnungen, die von der ganzen Menschheit geteilt werden, sind unabhängig davon, wo man geboren wurde, unabhängig vom sozialen Status, von der Weltanschauung, der Art der Ausbildung oder den jeweiligen Machtverhältnissen, sie sind universal.

Die Religionen, das ist meine letzte Forderung, sind aufgerufen, vereint durch die ihnen eigene Würde und das wunderbare Geheimnis des Lebens, weiterhin die Begegnung zwischen den Menschen im Bewußtsein der Verantwortung und in Solidarität gegenüber allen Gläubigen zu fördern.

Sehr geehrter Herr Präsident, meine Damen und Herren,

auf diesem so einzigartigen Boden von Assisi, auf dem wir uns hier versammeln und der erfüllt ist vom Geist der Selbstverleugnung, der Nächstenliebe und des Friedens, vom Geist des *heiligen Franziskus von Assisi*, sei es einem Agnostiker erlaubt, ihn anzurufen und seine Worte zu wiederholen:

Herr, mach,
daß ich liebe, wo man haßt;
daß ich verzeihe, wo man beleidigt;
daß ich verbinde, wo Streit ist;
daß ich die Wahrheit sage, wo Irrtum ist;
daß ich Glauben bringe, wo Zeifel droht;
daß ich Hoffnung wecke, wo Verzweiflung quält;
daß ich Licht entzünde, wo Finsternis regiert;
daß ich Freude bringe, wo Kummer wohnt.
Herr, laß mich trachten,
nicht, daß ich getröstet werde,
sondern daß ich tröste;
nicht, daß ich verstanden werde,
sondern daß ich verstehe;
nicht, daß ich geliebt werde,
sondern daß ich liebe.
Denn wer sich hingibt, der empfängt;
und wer verzeiht, dem wird verziehen.

Papst Paul VI. verkündete in seiner berühmten Rede vor der *UNO* im Jahre 1965 die folgenden inspirierten Worte, mit denen ich schließen möchte: *Niemals mehr sollen sich die Menschen gegeneinander wenden. Nie wieder Krieg! Frieden kann man nicht alleine mit politischen Mitteln und dem Gleichgewicht der Kräfte und Interessen herstellen. Man schafft ihn mit Hilfe des Geistes, durch Ideen und durch die Werke des Friedens.*

(Assisi 1994)

IV. Der Krieg auf dem Balkan

Die Diskussion über die Situation auf dem Balkan, Mailand 1993
von links: Kardinal Vinko Puljić, Erzbischof von Vhrbosna-Sarajewo, Lavrentije Trifunovic, Bischof der Serbischen Orthodoxen Kirche von Sabac-Valievo, G. Zizzola, Journalist, Anastasios Yannolatos, Erzbischof von Tirana und ganz Albanien, Jakub Selimovski, ehemaliger Reis-al-Ulema für Sarajewo und die Moslems in Bosnien, Djuro Koksa, Weihbischof von Zagreb

Vinko Puljić

Kain, wo ist dein bosnischer, muslimischer, serbischer oder kroatischer Bruder?

Bis zum letzten Moment war meine Abreise aus *Sarajewo* unsicher.[1] Nur schweren Herzens habe ich meine Stadt verlassen, denn dort stehe ich in Verbindung mit vielen Menschen, die geduldig gewartet haben und noch warten, um Trost, Rat, Schutz und Hilfe in schmerzvollen und tragischen Situationen zu finden. Wie oft mußte ich bitten um die Freilassung von Gefangenen, um einen Platz im Krankenhaus für Schwerkranke, um ein wenig Milch für Kinder, um Prothesen für Verstümmelte und Invaliden – Szenen, die sich tagtäglich seit Kriegsanfang wiederholen. Wie konnte ich sie ohne die Gegenwart und das Wort ihres Hirten lassen, den einzigen Bezugspunkt in einer gesellschaftlich und militärisch durch und durch chaotischen Situation? Nur der Gedanke, einen Dienst für den Frieden zu leisten, hat mich dazu bewegen können, der Einladung hierher Folge zu leisten. Hinzu kommt der Trost, mit Menschen zusammenzukommen, die ernsthaft an die spirituelle und nicht nur an die politische Dimension des Friedens denken.

Wir sind hier vereint, um als Menschen des Glaubens, als Zeugen des Gottes des Friedens und des Herrn der Geschichte vom Frieden zu sprechen, und um gemeinsam etwas für den Frieden zu tun. Ich möchte Ihnen hier ein paar einfache Überlegungen weitergeben, die mir während meiner Reise in den Sinn gekommen sind.

---

[1] Ein UNO-Einsatz unter Zustimmung mehrerer Regierungen war notwendig, damit der Erzbischof von Sarajewo aus seiner Stadt ausreisen und eine Rückkehrgarantie erhalten konnte.

Wie leicht ist es, an Orten vom Frieden zu sprechen, wo der Friede regiert, doch wie schwierig ist es, das gleiche Wort *Friede* dort auszusprechen, wo fast nur noch das Explodieren von Bomben, der Schrei von Verletzten und Sterbenden, die Qual des Hungers, die Verzweiflung derer zu hören ist, die sich von Gott und den Menschen verlassen fühlen! Und doch müssen wir sprechen und beten, daß der Friede über die Schlachtfelder triumphieren möge, vor allem auch in den Herzen und den Köpfen. Doch mehr als vom Frieden zu sprechen scheint heute für alle der Imperativ geboten, wirksam und auf allen Ebenen etwas für den Frieden zu tun. Doch wie und wo, mit welchen Mitteln soll und kann gehandelt werden?

Zuallererst bedeutet Handeln, mit lauter Stimme die Wahrheit der Tatsachen auszusprechen und sie zu verteidigen gegen jene politischen und wirtschaftlichen Mächte, die auf unehrliche Weise die Massenmedien manipulieren. Ich gestehe, daß ich betroffen bin, wenn ich gewisse Fernsehreportagen sehe und gewisse Korrespondentenberichte aus *Sarajewo* und *Bosnien-Herzegowina* in der westlichen und der lokalen Presse lese. Ich bin entrüstet über die systematische Entstellung und Unterdrückung der Wahrheit, die ich jeden Tag erlebe. Die Wahrheit über die Tragödie *Ex-Jugoslawiens* und besonders *Bosnien-Herzegowinas* wird schon seit langer Zeit übergangen und gefälscht. Auch wir Bischöfe von *Bosnien-Herzegowina* haben vor kurzem diese gefährliche Pathologie manipulierter Information angeprangert, einer Information, die leicht die Ursachen dieser Tragödie vergißt, die die Angegriffenen und die Angreifer auf die gleiche Ebene stellt, die um jeden Preis die Sensation sucht und eine ernsthafte und tiefgreifende Analyse der Tatsachen, der Ursachen und der Verantwortlichkeiten unmög-

lich macht. Doch der Friede kann nicht eintreten, wenn man schweigt oder, noch schlimmer, die Wahrheit der Tatsachen auf diese Weise entstellt.
Was also ist zu tun? Ich bin der Überzeugung, daß es auf uns, die Gläubigen, die sich nicht blind von Massenmedien beherrschen lassen und die ihr selbständiges Urteil bewahrt haben, ankommt. Unsere Aufgabe ist es, auf eine solche Manipulation der Wahrheit umfassend zu reagieren. Ich sage dies, weil ich am eigenen Leib und an dem meiner Gläubigen die Konsequenzen dieser Manipulation der Massenmedien schmerzhaft zu spüren bekomme. So werden die kroatischen Katholiken in *Bosnien-Herzegowina* systematisch als Angreifer dargestellt. Doch was ist die Wahrheit? Ich lasse die Tatsachen sprechen. In der *Erzdiözese Sarajewo* wurden von 144 Pfarreien 96 zerstört. Sie wurden ausgeplündert und angezündet und waren den sogenannten ethnischen Säuberungen von Seiten der *Serben* (66 Pfarreien) und der *Moslems* (30 Pfarreien) ausgesetzt.
Von den 520.000 katholischen Gläubigen sind über zwei Drittel Flüchtlinge oder Vertriebene. Mindestens 180.000 werden von gegnerischen Truppen belagert, die nicht einmal die Versorgung mit humanitärer Hilfe und die Evakuierung der Schwerverletzten zulassen. Das sind die Tatsachen, doch die *katholischen Kroaten* werden beschuldigt, die Aggressoren zu sein, von ihrer Seite aus ethnische Säuberungen gegen die *Moslems* durchzuführen, Massaker gegen wehrlose Menschen zu begehen. Ich leugne nicht, daß dies in einigen Gebieten geschehen ist, und ich habe dies mit all meiner Kraft und meiner Autorität als Kirchenmann verurteilt und tue dies noch immer. Es handelt sich hier aber um die tragische Konsequenz der wachsenden Spirale der Gewalt, die auch die Opfer zum verzweifelten Ver-

such führt, Gewalt mit Gewalt zu besiegen. Ich frage mich: Warum hat man nicht den Mut, nicht nur die Gewalttaten, die einmal von der einen und dann von der anderen Konfliktpartei begangen werden, anzuprangern, sondern auch das Verhalten derer, die diese verhindern könnten und es nicht tun?
Die Massenmedien sprechen viel von den Politikern und ihren Initiativen zur Wiedergewinnung des Friedens. Das Fernsehen richtet seine Kameras auf das Karussell der Versammlungen, Konferenzen und Begegnungen, auf die Reisen der Vermittler, und ab und zu auf grausame und sensationelle Episoden des Krieges, denn das findet Gehör und Aufmerksamkeit. Doch der konkrete und einfache Mensch, das Opfer dieses Krieges, der von anderen Gebieten des *ehemaligen Jugoslawien* aus betrieben wird und leider toleriert, wenn nicht sogar gefördert wird von einigen Westmächten, dieser konkrete und einfache Mensch wird vergessen. Er ist eine unbedeutende Größe im großen *Happening des Krieges*, dessen grausame Todesmaschinerie die Journalisten und Politiker am meisten anzuziehen scheint. Wir als gläubige Menschen wissen aber, daß der Mensch, dieser konkrete, einfache Mensch, Bild Gottes ist. Deshalb müssen wir all diesen Kriegsherren zurufen: *Im Namen Gottes und des Menschen, hört auf mit diesem Blutbad, mit der Folter und der Vertreibung, mit dem Haß und der Rache!* Wir müssen es jeden Tag von allen Kanzeln, von allen Fernsehbildschirmen aus rufen.
Wir müssen die Politiker in Europa und auf der Welt an ihre schwerwiegende Verantwortung in diesem Krieg erinnern, müssen anprangern, daß die ständigen Verletzungen des Waffenembargos nicht wirksam unterbunden werden, daß die Friedensverhandlungen nur mühsam vorangehen und daß die

Bereitschaft offenkundig ist, die Logik des Sieges des Stärkeren zu sanktionieren. In der Tat sind in *Bosnien* die Aggressoren und Verursacher der ethnischen Säuberungen dabei, als Belohnung für ihre Aggression mehr als 50% des Territoriums zu erhalten, von dem sie *Moslems* und *Kroaten* vertrieben haben, obwohl sie kaum 30% der Bevölkerung ausmachen. Nicht wenige Regierungen und Parlamente, die den Einsatz von Gewalt und die Logik der geschaffenen Tatsachen toleriert und praktisch anerkannt haben, tragen hier eine Verantwortung mit schrecklichen Folgen. Und dann zerreißen die gleichen Politiker und Regierenden wie die Pharisäer ihre Kleider, wenn sich die Opfer bewußt werden, daß der Westen der Logik des Stärkeren nachgibt und dann als Konsequenz mit den gleichen gewalttätigen Mitteln zurückzuschlagen versuchen. Genau dies geschieht bei den *Moslems* und *Kroaten* in *Bosnien-Herzegowina*, die sich leider von dieser perversen Logik anstecken lassen, weil sie erleben mußten, wie die serbischen Aggressoren für ihre Taten belohnt wurden.

Unsere Strategie für den Frieden muß sich nach meiner Überzeugung darauf gründen, daß der Friede eine Gabe Gottes ist, kein Werk der Menschen, zugleich aber, daß sich Gott der Menschen bedient, die die Seligpreisung des Evangeliums über die Friedensstifter verstanden und für sich akzeptiert haben. Ich denke, daß alle hier anwesenden Religionen Millionen von aufrichtigen Gläubigen für einen Kreuzzug für den Frieden mobilisieren müßten, vor allem mit Gebet und Fasten. Ich kann Ihnen versichern, daß uns in *Bosnien-Herzegowina* gerade die Opfer des Krieges ein Beispiel im Gebet und im Fasten geben, nicht aus Zwang, sondern freiwillig und aus Überzeugung, z.B. wenn die humanitären

Hilfen auch den Angehörigen der gegnerischen Volksgruppen zugute kommen und die *katholische Caritas von Sarajewo* 40% ihrer Nahrungsmittelhilfen den *Moslems* und 20% den *Serben* zukommen läßt.
Neben Gebet und Fasten muß starker und ständiger Druck auf die Politiker ausgeübt werden, damit sie mit angemessenen und wirksamen Mitteln das Ende der Feindseligkeiten, einen wirksamen und ernsthaften Waffenstillstand herbeiführen. Solange weiterhin geschossen und gestorben wird, kann kein Prozeß des Friedens und der Wiederversöhnung einsetzen. Außerdem müssen die Politiker gedrängt werden, für das physische Überleben jener Menschen Sorge zu tragen, die an Hunger, Kälte und Krankheiten zu sterben drohen. Insbesondere müssen ausreichende Schutzmaßnahmen für die Hilfstransporte getroffen werden.
Ich möchte daran erinnern, daß in *Sarajewo* ein Kilogramm Zucker 30 DM, ein Liter Frischmilch 10 DM, ein Liter Heizöl 15 DM und ein Kilogramm frisches Gemüse bis zu 40 DM kostet. Woher aber kommt diese Ware? Es sind die lokalen Kriegsherren, die einen schwunghaften Schwarzhandel organisieren, um sich persönlich zu bereichern, und um die Truppen bezahlen und Waffen kaufen zu können.
Jeden Tag meine ich die Stimme des Herrn zu hören, der zu den Verantwortlichen dieser Tragödie schreit: *Kain, wo ist dein bosnischer Bruder, sei er Moslem, Serbe oder Kroate?* Ich weiß, daß ich harte Worte gebrauche, doch die unsagbaren Leiden unschuldiger Menschen, von denen ich spreche, und die tragischen Umstände, aus denen ich komme, zwingen mich dazu.

Zuletzt möchte ich als katholischer Bischof ein Wort an meine Mitbrüder im Episkopat und an die hier anwesenden Katholiken richten. Die katholische Kirche ist in *Bosnien-Herzegowina* seit mehr als tausend Jahren präsent. Der Katholizismus hat in diesen Gebieten die großen Stürme der Geschichte des Balkan über sich hinwegfegen sehen, doch nie drohte wie heute die Gefahr, daß er ausgelöscht wird. Daher spreche ich auf dieser Tagung einen leidenschaftlichen Appell aus: Bischöfliche Mitbrüder, laßt uns nicht alleine, begnügt euch nicht damit, uns eure großzügigen Hilfen zu senden – für die wir im übrigen wirklich dankbar sind, weil wir sie dringendst benötigen –, doch ich flehe euch an, etwas Einschneidenderes zu unternehmen. Zwingt eure Politiker und Regierungen dazu, endlich aus ihrer Lethargie angesichts unserer Tragödie aufzuwachen. Verzeiht mir die Offenheit, mit der ich gesprochen habe, doch ist mein Herz als Mensch und Hirte, wie das des Göttlichen Meisters, zu Tode betrübt.

Den orthodoxen und muslimischen Brüdern sage ich: Wir sind alle Söhne des Allmächtigen Gottes, wir bekennen gemeinsam den Glauben an den Schöpfer und Vater aller Menschen, wir sind deshalb Geschwister, jenseits der Unterschiede unserer Nationalität, Religion und Kultur. Erlauben wir daher nicht, daß unser jeweiliger Glaube und damit die Religion überhaupt von politischen und militärischen Interessen instrumentalisiert wird, um Haß unter den Menschen zu schüren. Vereinen wir unsere Anstrengungen in Aufrichtigkeit und menschlicher Solidarität, damit die Religion von neuem ein Element der Einheit und des Verständnisses wird, des Respekts für den Menschen als solchen, und daß sie wieder die Rolle des kritischen

Gewissens dieser Welt spielen kann, die sich von Gott und damit auch vom Menschen entfernt hat, mit all den schrecklichen Konsequenzen, denen wir jetzt ausgesetzt sind.
Möge sich in unserem *Bosnien-Herzegowina* ein Chor des Dankes erheben, weil der Herr Mitleid mit seinem Volk hatte, weil er die Menschen miteinander versöhnt und seinen Segen erneuert hat.

(Mailand 1993)

Jacub Selimoskj

Gott ist unser aller Richter, auch im ehemaligen Jugoslawien

Im Namen des barmherzigen und allmächtigen Gottes.

Nur das Gebet und das gute Wort haben uns hierher geführt, damit wir uns in rechter Gesinnung auf dem gleichen Weg begegnen, auf dem man das Gute aufnimmt und das Böse von sich weist, so wie es uns als Geschöpfen Gottes zukommt. Sie werden es mir gewiß nicht verübeln, wenn mein Beitrag stellenweise emotional sein wird; doch sonst könnte ich kein Vertreter von Gläubigen sein, die heute in der Welt wohl am meisten leiden, und zwar durch das Handeln anderer Menschen, durch nichts anderes.

In diesem Balkankonflikt, in dem auch andere leiden, für die ich den gleichen Schmerz empfinde wie für meine muslimischen Gläubigen, frage ich mich: *Warum das alles? Worin liegt die Ursache? In wessen Namen geschieht dies?*

Die Tragödie der *Moslems* von *Byelina*, die im März 1992 begann, und dann die Tragödie der Moslems von *Zvornik* und all der anderen Moslems in ganz *Bosnien-Herzegowina*, geht bis heute ohne jede Unterbrechung und mit der gleichen Intensität weiter. Das schreckliche Vorhaben der ethnischen Säuberungen ist heute das dunkelste Kapitel im blutigen Schicksal dieses souveränen Landes, das von der internationalen Gemeinschaft und der *UNO* anerkannt wurde.

In zahlreichen Konferenzen und Begegnungen von Vertretern der Länder der internationalen Gemeinschaft werden die Leiden des Volkes analysiert und festgestellt, und man kommt nicht über wortreiche

Versprechungen und zahllose Resolutionen hinaus. Das Volk, das sich gegen die Artillerie der Aggressoren nicht verteidigen kann, leidet, während unsere Appelle wie eine Stimme in der Wüste verhallen.

Unsere Zusammenkunft in der *Schweiz* im November 1992, bei der sich Vertreter der drei Hauptreligionen *Bosnien-Herzegowinas* trafen, hat keine Früchte hervorgebracht. Besonders das Leid der *Moslems*, denen außerhalb von *Bosnien-Herzegowina* keine Territorien zur Verfügung stehen, wurde größer und härter als das der anderen, insbesondere der *Serben*. Das jugoslawische Bundesheer stand den *Serben* bei der Besetzung *Bosnien-Herzegowinas* und der Unterdrückung der nichtserbischen Völker zur Seite, die ohne Waffen und andere Verteidigungsmittel waren.

Man erinnere sich an das Schicksal von Städten wie *Srebrenica, Konyevic, Polya, Zepa, Gorazde, Banya Luka.* Das Heer der Aggressoren setzte seine systematische Zerstörung von Moscheen und Friedhöfen fort und griff laufend die muslimische und nichtserbische Zivilbevölkerung an. Noch heute werden unsere Imame und unsere Kinder in Konzentrationslagern gefangengehalten, unsere Mädchen und Frauen sind entehrt oder getötet oder sie verschwinden spurlos. Die Zivilisten werden von einem Lager ins andere gebracht, in *Bosnien-Herzegowina* oder in *Serbien*.

Wir bedauern es vor allem, wenn Religionsvertreter zu den Spannungen unter den feindlichen Soldaten beitragen, indem sie sie ermuntern (z.B. in *Pale, Byelina, Banya Luka*), oder wenn auch Politiker an den Gräbern ihrer Soldaten weinen, die Zivilisten getötet und Dörfer und Städte angezündet haben (wie in *Zvornik*).

Würden wir mit diesen Versammlungen nur das Ziel verfolgen, vor die Weltöffentlichkeit zu treten und die Verantwortlichen zu bitten, etwas zu tun, obwohl wir bereits wissen, daß sie es nicht tun werden, dann wäre es unnütz, all dies hier zur Sprache zu bringen.
Wir wollten nicht die Namen der Verbrecher öffentlich machen, vielmehr haben wir erwartet, daß wenigstens das Gewissen derer erwacht, die hierzu fähig sind. Ich sehe, daß dies ein utopischer Optimismus war. Die Situation verschlimmert sich von Tag zu Tag. Man muß insgesamt feststellen, daß unsere Begegnungen fruchtlos geblieben sind.
Es ist wichtig zu wissen, daß sich die territorialen Ambitionen der *Serben* nicht auf *Bosnien-Herzegowina* beschränken, sondern sich allmählich in der Psychologie der Menschen und mit Hilfe des serbischen Terrors auf den Süden ausdehnen: Auf den *Sandschak*, den *Kosovo* und nach *Mazedonien*.
Was soll man zu all dem sagen, was bisher genannt und bereits tief analysiert wurde? Soll man schweigen? Soll man unseren Gläubigen raten und empfehlen, in Ruhe in einer Reihe wie Tiere vor der Schlachtbank zu warten, bis sie von denen verfolgt werden, die bis vor kurzem noch ihre serbischen Nachbarn waren?
Die Welt, vor allem *Europa* – wozu soll man dies verschweigen –, hilft dem Aggressor. Mit ihren Versprechungen übergeht die Welt die Opfer, die gebracht werden. Dabei erlaubt sie den Schwächeren nicht, sich zu verteidigen, mit ihrem Waffenembargo unterbindet sie vielmehr den Zugriff auf Verteidigungsmittel.
So vollzieht man systematisch die ethnische Säuberung eines autochthonen Volkes, und dies wird sanktioniert durch das verspätete Handeln der interna-

tionalen Gemeinschaft, die Dokumente und Resolutionen auf höchster Ebene erläßt, ohne daß sie je Wirkung entfalten. Mit allen Mitteln fährt man fort, das serbische Territorium zu erweitern. So entstand eine totale Strategie der Säuberung, bei der man vom *ethnisch serbischen Gebiet* spricht und die politische Maxime anwendet, nach der *serbischer Boden* dort ist, wo *Serben* leben.

Bei der Eliminierung der nichtserbischen Völker und ihrer Kulturen sind alle Mittel erlaubt. Dies geschieht, obwohl die Idee der ethnischen Säuberung und Homogenisierung der Gebiete im Gegensatz zur Religion und zu anderen Prinzipien der modernen Geschichte, wie Freiheit, Demokratie und Gleichheit stehen – Prinzipien, die für alle Rassen und Völker Gültigkeit haben. Die Barbaren von heute wollten trotz allem, was geschehen ist, nicht vor der Schwelle des 20. Jahrhunderts halt machen, und dies im Namen des Nationalismus.

Politische Kalkulationen werden leider ohne Rücksicht darauf angestellt, daß im Krieg ganze Völker, vor allem islamische Völker, ohne viel Aufsehen sterben und untergehen müssen. Ich frage mich, was das Gewissen der gläubigen Menschen eingeschläfert hat, vor allem das Gewissen derer, die sich im Namen der Religion und der Kirche an den beschriebenen Verbrechen beteiligen. Gott ist unser aller Richter, und wir werden einmal vor ihm stehen. Die Geschichte wird über die Rolle eines jeden von uns urteilen. Es ist nicht unsere Aufgabe, der Politik und ihren unmittelbaren Zielen zu dienen, sondern vielmehr die Wahrheit, den Glauben, die Gleichheit, die Liebe, die Freiheit und den Frieden zu vermitteln. Es ist an uns, uns auf den Weg eines jeden Geschöpfes Gottes zu machen, den Weg eines jeden Volkes, des eigenen und des der anderen, und nicht die Herrschaft für das eigene Volk und die Sklaverei für die anderen Völker zu fordern. Wir wissen, daß Gott nicht auf der Seite des Bösen ist. Wir können nicht mehr hinnehmen, daß Verrückte und Verbrecher weiterhin ein Volk gegen das andere aufbringen, und dabei abseits stehenbleiben. Dies wäre ein Hindernis für den Fortschritt der Völker und ihr Zusammenleben. Und es würde auch endgültig den Respekt vor uns und unsere Autorität in Frage stellen.

Die Wahrheit zu verbergen ist nicht wünschenswert, weder für uns noch für andere. Die Ziele des Aggressors, so realisierbar sie auch erscheinen mögen, sind nicht zu verwirklichen. Die, denen nichts als ihr Leben bleibt, werden das nicht zulassen. Sie werden nicht verzeihen. Was durch Aggression, Krieg, Verbrechen und Vertreibungen erreicht wurde, bringt vergiftete Früchte hervor. Alle heiligen Bücher und auch die Geschichte bestätigen uns dies. Kann man das Großmachtstreben, die ethnischen Säuberungen und die Verbrechen gegen Hunderttausende von unschuldigen Zivilisten vergessen? Was soll man also tun? Wer hat das Recht, die Verbrechen zu vergeben und das, was Verbrechen ist, in ein Opfer zu verwandeln?

Wenn wir nicht fähig sind, das Leid anzuhalten, müssen wir wenigstens fähig sein, an unsere Gläubigen zu appellieren, daß sie sich nicht dem Krieg und seinen Führern beugen, sondern sich den Verbrechern widersetzen und daß sie selbst keine Verbrechen mehr begehen. Hierzu sind wir in der Lage. Es ist unsere Pflicht, nicht blutbefleckten Kriegstreibern zu dienen, sondern den Armen, den Unglücklichen, den Flüchtlingen, den Waisen – und so allein Gott.

(Mailand 1993)

Laurentije Trifunovic

Ein Krieg des Atheismus – kein Glaubenskrieg

Ich bin sehr glücklich, meine Landsleute und Nachbarn hier an diesem Ort versammelt zu sehen. Ich überbringe die Grüße des *Patriarchen Pavle* aus *Serbien*, wo der Krieg noch immer andauert.
Wir sind überzeugt, daß nur Gott uns den Frieden bringen kann, und das ist der Grund, warum ich zu dieser Versammlung von Vertretern vieler Religionen gekommen bin. Ich bin froh, gemeinsam mit Ihnen zu Gott beten zu dürfen, denn nur Er kann uns den Frieden geben.
Die Geschichte der Kirche zeigt, daß Patriotismus und Nationalismus die größten Feinde der Religion sind, und daß die Kirchen nicht immer im positiven Sinne auf die Gesellschaft einwirken konnten.
Der Krieg in *Bosnien* ist kein Religionskrieg, sondern ein Bürgerkrieg. In unserem Land war der Atheismus mehr als fünfzig Jahre lang die staatlich propagierte Religion. Die heutige Generation, die jetzt in diesem Krieg an der Front kämpft, vor allem auf orthodoxer und muslimischer Seite, hat keine religiöse Bildung und keine Bindung an Gott.
Mehr als fünfzig Jahre lang lehrte man bei uns, daß weder Gott noch die Seele noch das Böse existieren. Früher haben im *ehemaligen Jugoslawien* viele Religionen und Nationen zusammengelebt. Es gab und gibt gute Beziehungen zwischen den *Orthodoxen* und der *katholischen Kirche* sowie zwischen den *Orthodoxen* und den *Moslems*. Bis in die Gegenwart hatten die verschiedenen Geistlichen gute Kontakte untereinander. Leider war aber unter dem Kommunismus der Einfluß der religiösen Führer auf das gesellschaftliche Leben nur sehr schwach. So waren

etwa beim Militär keine Priester zugelassen. Der Friede unter dem Kommunismus war ein künstlicher Friede, kein christlicher Friede. Der Friede im christlichen Sinn vereint alle Gläubigen, auch in Zeiten des Konflikts.
Gestatten Sie mir ein Beispiel: In der Stadt *Vlasenica* fand ein schreckliches Massaker statt. Alle Moslems wurden getötet, doch ein serbisch-orthodoxer Priester konnte das Leben eines seiner muslimischen Freunde, des dortigen Imams, retten. Er brachte ihn im Auto bis zur Grenze. Als der Priester zum Dorf zurückkehrte, wurde er von den Soldaten brutal angegriffen. Sie konnten nicht verstehen, daß der Priester das Leben eines Mannes retten wollte, der wie er selbst, wenn auch in einer anderen Religion, an Gott glaubte.
Ich habe große Hoffnung, daß die Religionen einen entscheidenden Einfluß auf den künftigen Friedensprozeß im *ehemaligen Jugoslawien* ausüben können. Ich denke, daß es vor allem viele Beziehungen auf den verschiedenen Ebenen unter den religiösen Führern geben muß. Es gab bereits einige Begegnungen zwischen dem *Patriarchen Pavle, Kardinal Kuharic* und dem *muslimischen Führer Jacub Selimoskj*, die sicherlich in der Zukunft fortgesetzt werden.
Ich bin sicher, daß wir, wenn wir unseren Gläubigen ein Beispiel der Freundschaft und Brüderlichkeit geben, sehr viel zu einer besseren Zukunft für unsere Gesellschaft beitragen können. Schon spüren wir ja, daß der Einfluß der Religionen im ehemaligen Jugoslawien größer wird.
Ein alter Patriarch, ein Asket und Mann des Gebetes, hatte zu Beginn des gegenwärtigen Konflikts alle Serben gebeten, sieben Tage lang zu fasten. Solange der Konflikt andauert, hält er selbst das Fasten.

Auch hat er alle serbischen Priester gebeten, ihren Litaneien folgendes Gebet hinzuzufügen:
Als demütige Diener bitten wir den Herrn um seine Gnade, daß er uns von Haß und Schuld befreie und uns seine himmlische Liebe gewähre und daß wir uns alle, wie schon unsere Vorfahren, als seine Kinder und als Volk Gottes anerkennen mögen.
Wir schließen uns dem Gebet des alten Patriarchen an: *Hilf uns, immer deine Wahrheit und die Gerechtigkeit des Himmelreichs zu erkennen. Wir bitten für alle, die Böses gegen ihre Nächsten oder gegen die Armen getan haben, für alle, die Blut an ihren Händen haben, für alle, die auf den Haß mit Haß geantwortet haben. Gott möge ihnen Reue gewähren und sie lehren, auf den Haß nicht mit Haß, sondern mit Liebe zu antworten.*

(Mailand 1993)

V. Die Religionen in der Gesellschaft von heute

Die Teilnehmer am interreligiösen Treffen
von 1989 in Warschau
bei der Friedensprozession
im ehemaligen Konzentrationslager Auschwitz

Ignatz Bubis

Die Stimme der religiösen Minderheiten – Erfahrungen aus Deutschland

Die aktuelle Situation der religiösen und ethnischen Minderheiten in Deutschland läßt sich nur schwer erklären.
Zunächst muß betont werden, daß die Lage der religiösen Minderheiten in Deutschland im Grunde kein wirkliches Problem darstellt. Die einzelnen religiösen Gruppierungen und die dazugehörigen Minderheiten befinden sich nicht in Schwierigkeiten, mit einer Ausnahme – und wirklich nur dieser einen –, nämlich der jüdischen Minderheit. Man kann insoweit aber nicht von einem religiösen Problem sprechen; vielmehr handelt es sich dabei um ein Problem ganz anderer Natur.
Ich möchte versuchen, die allgemeine Lage in Deutschland zu erläutern. In Deutschland leben sechs Millionen Ausländer, ein Drittel von ihnen hat die türkische Staatsbürgerschaft, 800.000 Personen stammen aus dem ehemaligen *Jugoslawien*. Unter den letztgenannten sind 400.000 Flüchtlinge, die im Laufe des vergangenen Jahres, als die gewaltsamen Auseinandersetzungen im Jugoslawienkonflikt einen Höhepunkt erreicht hatten, über die Grenze nach Deutschland kamen. Hinzu kommen einige Hunderttausend sogenannter Asylanten, Personen also, die politisches Asyl beantragen und aus verschiedenen Ländern *Afrikas, Asiens* und der übrigen Welt nach Deutschland kommen.
Wahrscheinlich stellt diese Situation in Deutschland im Vergleich zu anderen europäischen Ländern eine Besonderheit dar. Tatsächlich gibt es in Deutschland mehr jugoslawische Flüchtlinge als in allen anderen

europäischen Ländern, und zweifellos hat dies zu einer ganzen Reihe von Problemen in der Bevölkerung geführt. Meiner persönlichen Meinung nach wurden diese Probleme etwas aufgebauscht, aber wir müssen uns darüber im Klaren sein, daß in Deutschland eine gewisse Xenophobie existiert, gegen die, die nicht deutsch sind und auch gegen die *Juden*. Hierbei ist zu unterscheiden zwischen Ausländern aus der westlichen Hemisphäre und anderen Ausländern, z.B. *Türken*. Es handelt sich dabei eher um eine Fremdenfeindlichkeit und weniger um eine Ausländerfeindlichkeit.

Vielleicht ist es nicht ganz richtig, von Antisemitismus zu sprechen. Der Antijudaismus ist eine Einstellung, die vor zweitausend Jahren entstand und die heute nicht mehr in der Weise existiert wie damals. Er tritt wahrscheinlich nur noch in wenigen Bevölkerungsschichten auf. Wenn man von Antisemitismus spricht, beinhaltet dies nicht nur eine Haltung gegen die *Juden*, doch in Deutschland hat der Begriff primär diese Bedeutung. Diese Einstellung wurde im Laufe der Jahrhunderte, in denen *Juden* in Deutschland gelebt haben, immer wieder propagiert. Dabei waren die *Juden* zumindest seit 1812 deutsche Bürger.

Die Mehrzahl der Deutschen sieht in den *Juden* Ausländer oder zumindest Fremde. Dies ist sicherlich ein Vermächtnis der Vergangenheit, das bis in die Gegenwart reicht, ein Erbe der Zeit zwischen 1930 und 1945.

Wir sind eine Gemeinschaft mit relativ wenigen Mitgliedern: Bis vor drei Jahren waren wir 29.000 Personen bei einer Einwohnerzahl von 80 Millionen. Heute sind wir 42.000 mit steigender Tendenz, weil mehrere Tausend Juden aus der ehemaligen *Sowjetunion* nach Deutschland eingewandert sind. Wahrscheinlich bilden die *Moslems* die größte Minderheit in Deutschland (über zwei Millionen), doch für uns *Juden* gilt: Wenn man von Ausländerfeindlichkeit spricht und Fremdenfeindlichkeit meint, sind immer auch die Juden im Blick, wenn man vom Ausländerhaß spricht, dann sind auch die Juden gemeint, wenn die Rede von Ausländern ist, dann gehören immer auch die Juden dazu, ganz egal, ob diese Juden deutsche Staatsbürger sind oder nicht.

Es mag sich um ein Erbe der Vergangenheit, des Nationalsozialismus handeln, doch muß man sich dessen bewußt sein, daß die Fremdenfeindlichkeit, der Antisemitismus und die Gewalt heute nicht weniger, aber auch nicht mehr als gestern eine Realität in Deutschland darstellen. Lediglich die Gewalt hat in den letzten Jahren zugenommen.

Ungefähr 30 Prozent der Deutschen empfinden latente Gefühle von Antisemitismus. Man kann hier natürlich keine Vergleiche mit dem Nazismus anstellen. Doch auch dieser existiert noch, wenn auch in sehr begrenztem Ausmaß. Es mag sein, daß es zehn- oder zwanzigtausend sogenannte *Neonazis* gibt – ich kann die genaue Zahl nicht nennen. Wenn man etwa die Ergebnisse der letzten Bürgerschaftswahlen in Hamburg betrachtet, dann kann man sagen, daß die extreme Rechte insgesamt weniger als 8 Prozent der Stimmen erhalten hat, ein geringerer Prozentsatz also als in *Frankreich*, in *Italien* und in anderen Ländern.

Vielleicht sind wir in Deutschland gegenüber diesem Problem und den daraus folgenden Phänomenen ein wenig aufmerksamer, weil wir an die Vergangenheit denken. Juden wurden jedenfalls bei den gewaltsamen Ausschreitungen nicht direkt angegriffen. Es gibt in der Tat nur eine einzige gewalttätige Bewegung gegen Juden, die aber nur sehr wenige Anhän-

ger hat. Wir befinden uns hier in einer sehr merkwürdigen Situation.
Die Regierung sagt – und ich halte es für richtig –, daß es nicht mehr als 6.500 extremistische gewalttätige Jugendliche gibt. 90 Prozent von ihnen sind sehr jung. Eine Umfrage ergab, daß bei den Jugendlichen zwischen 16 und 18 Jahren Rassismus und Fremdenfeindlichkeit keine deutlich von außen erkennbaren Einstellungen sind, und das macht die Situation so schwer verständlich. Das einzige Problem, das man wirklich benennen kann, ist die Tatsache, daß die Regierung nicht wirksam gegen diese Art von Bewegungen vorgeht, obwohl sie genau weiß, daß es sich um nur 6.500 junge Extremisten handelt, die in 82 verschiedenen Gruppen organisiert sind, obwohl Deutschland wohl über die wirksamsten Gesetze zur Bekämpfung des Rassismus in ganz *Europa* verfügt.
Ich nenne ein Beispiel: Ein Mann namens *Christophersen* – und Leute wie ihn gibt es viele –, mag trotz seiner deutschen Staatsangehörigkeit nicht nach Deutschland einreisen, weil man ihn hier verhaften würde. Er arbeitete früher im Konzentrationslager *Auschwitz*. Jetzt ist er Schriftsteller, organisiert Konferenzen und leugnet die Existenz von *Auschwitz*. In Deutschland würde er verhaftet werden, doch er versendet seine Werke, seine Artikel und Bücher von *Dänemark* aus in die Bundesrepublik und verbreitet so seine abwegige Meinung. Weitere Dokumente dieser Art kommen aus *Spanien* und *Großbritannien* nach Deutschland.
Ich glaube, daß in der Europäischen Gemeinschaft die Gesetzgebung gegen den Rassismus verbessert werden muß. Die deutschen Gesetze sind sehr geeignet zu seiner Bekämpfung.

In der Bundesrepublik besteht jedoch ein anderes Problem: Deutschland ist ein Land, in dem die Einwanderung schon in der Vergangenheit immer eine Realität darstellte, was jedoch von unserer Bevölkerung nicht erkannt wird. In der Vergangenheit gab es Ströme von Wanderungsbewegungen nach und aus Deutschland. Nach 1800 wurde es in erster Linie zu einem Einwanderungsland; nach 1945 gab es vor allem Auswanderungen. Heute ist Deutschland dagegen ein kleines Land im Verhältnis zu den *Vereinigten Staaten, Kanada* oder anderen Ländern, die immer und aus Tradition Ströme von Einwanderern aufnahmen. Aber dennoch wenden sich Menschen, die Asyl suchen, nach Deutschland, vielleicht wegen seiner demokratischen Staatsform, die nicht im Entferntesten mit der Gewaltherrschaft der Nationalsozialisten verglichen werden kann, und vielleicht auch aufgrund der wirtschaftlichen Lage, die im Vergleich zu anderen Staaten sehr gut ist. Noch etwas muß man sich vor Augen halten: Deutschland bemüht sich außerordentlich darum, diese Situation so gut wie möglich zu bewältigen und so viele Menschen wie möglich einzulassen. Es wird aber sicherlich nicht in der Lage sein, alle aufzunehmen, die zur Zeit kommen wollen. Denn die Wanderungsbewegungen, sei es aus den Ländern *Osteuropas*, aus *Asien* oder *Afrika*, die Bewegungen vom Süden in den Norden und vom Osten in den Westen sind noch zu keinem Ende gekommen; sie werden weitergehen und die Zahl der Einwanderer auf eine Höhe ansteigen lassen, die sich bis jetzt noch gar nicht absehen läßt.

Ich glaube, es ist wichtig, dies auszusprechen und hier einen Konsens und eine gemeinsame Politik auf europäischer Ebene zu erreichen, die darum bemüht ist, diese schwierige Situation zu bewältigen. Die deutsche Gesetzgebung ist meiner Meinung nach beispielhaft. Sie könnte auch von den anderen europäischen Ländern übernommen werden, und dies ist vielleicht die einzige Möglichkeit, um zu einer wirklich europäischen Norm zu kommen.

Zum Schluß möchte ich sagen, daß auch die Staatsangehörigkeit ein Problem darstellt. In Deutschland gilt die sogenannte Staatsangehörigkeit nach dem *ius sanguinis*, dem Recht des Blutes, das eine ethnische Zugehörigkeit verlangt, ein Konzept, das es in keinem anderen Staat gibt.

Offen gestanden muß ich sagen, daß ich mich gegen die Möglichkeit einer freien und uneingeschränkt doppelten Staatsangehörigkeit aussprechen würde. Meiner Meinung nach muß jedoch die Staatszugehörigkeit nach anderen als den derzeit in Deutschland geltenden Grundsätzen geregelt werden. Die Staatsangehörigkeit ist keine Gnadengabe Gottes, sondern sie muß von Gesetzes wegen gewährt werden. Die deutsche Regierung müßte über dieses Problem nachdenken und wird hoffentlich in naher Zukunft eine Lösung finden. Dabei sollte beachtet werden, daß auch die Europäische Gemeinschaft auf eine Angleichung der Gesetze auf europäischer Ebene hinwirkt.

Abschließend kann die *aktuelle Situation in Deutschland* wie folgt charakterisiert werden: Es gibt keine Probleme in Bezug auf die religiösen Minderheiten, sondern in erster Linie auf der Ebene der ethnischen Minderheiten. Die Fremdenfeindlichkeit stellt ein Problem dar, allerdings nicht mehr als in anderen Ländern. Die ausländerfeindliche Gewalt wird vielleicht aufgrund der besonderen Vergangenheit des Landes anders beurteilt als die in anderen Ländern. So neigt man dazu, auch dann, wenn die gleichen Dinge in anderen Ländern geschehen, es

als gravierender zu empfinden, wenn sie sich in Deutschland ereignen.
Eines ist festzuhalten: Es ist zumindest für die nächste Zukunft so gut wie unmöglich, auf der Grundlage der bisherigen Geschichte zu einer Lösung dessen zu gelangen, was zur Zeit geschieht. Alle deutschen Bürger müssen jedoch wissen, was in der Vergangenheit geschehen ist, damit sich dies in der Zukunft nicht mehr wiederholt. Solange die Welt noch nicht immun hiergegen geworden ist, wird kein Land sagen können, daß sich so etwas in der Zukunft nicht mehr ereignen wird, ob in Deutschland oder anderswo.

(Mailand 1993)

Gedenkminute im ehemaligen KZ Auschwitz (1989) Deutsche Kirchenvertreter vor dem Mahnmal, von links: Pfr. Hans-Ulrich Agster und Bischof Christoph Stier als Vertreter des Protestantismus, sowie die beiden katholischen Bischöfe Karl Lehmann und der inzwischen verstorbene Bischof Theodor Hubrich

Knud Wumpelmann

Für eine neue Solidarität

Ein gutes Schlagwort ist manchmal eines der wichtigsten Ergebnisse eines erfolgreichen Kongresses. Dabei handelt es sich um ein Wort, das eine bestimmte Situation in ihrem Kern trifft, und an das man sich deshalb leicht erinnern kann, auf das man sich oft bezieht und das Beachtung findet.

Ich erinnere mich an ein solches Schlagwort bei einer Konferenz der europäischen Kirchen in *Spanien* im Jahr 1980, der vierten Sitzung nach *Helsinki*. Einige Monate vorher war durch die sowjetische Besetzung *Afghanistans* und einige Entscheidungen, die man im Westen getroffen hatte, eine ernste politische und militärische Entwicklung eingetreten. Das Thema der Konferenz mußte daher geändert werden. Das Hauptthema der Debatte wurde nun die *Vertrauensbildung*, denn man hatte besonders verstanden, daß es nötig war, zurückzukehren zu den grundlegendsten Bedürfnissen, um den Frieden zu sichern – zum Aufbau des Vertrauens unter den Nationen.

Die Rolle der Kirchen in diesem Prozeß wurde klar definiert. Sie wollten das Gebot *Liebt eure Feinde* neu ernst nehmen, also versuchen, den Feind besser zu verstehen, die falschen Feindbilder abzubauen, die in gewisser Hinsicht auch von den Religionsoberhäuptern geschaffen worden waren. *Vertrauensbildung* war das Schlagwort, das im richtigen Moment präsentiert wurde.

Ein anderes gutes und wirksames Schlagwort wurde ungefähr fünf Jahre später kreiert. Dieses Mal kam es nicht von einer Konferenz von Christen und auch nicht von einer politischen Versammlung, sondern

von einer Person, von *Michail Gorbatschow*. Das russische Wort *Glasnost* wurde gemeinsam mit dem Wort *Perestrojka* sofort in viele Sprachen aufgenommen. Die neue Öffnung und Ehrlichkeit, die diese Begriffe fordern, veränderten unsere Welt und besonders die Situation in *Europa* schneller und wirksamer, als irgendeine militärische Macht dies je hätte erreichen können.
Heute frage ich mich, ob *neue Solidarität* nicht das Schlagwort sein könnte, an das man sich im Zusammenhang mit diesem internationalen Friedenstreffen erinnern sollte, ein Begriff, der den Friedensbemühungen der europäischen Kirchen und der anderen religiösen Organisationen in *Europa* in unserer heutigen Situation Orientierung geben könnte.

Hat es Sinn, von einer »neuen Solidarität« zu sprechen?

Es ist offensichtlich, daß ein großes Bedürfnis nach einem neuen und starken Gefühl der Solidarität unter den Völkern im *Europa* von heute existiert. Während wir aus unserer Euphorie über die so schnellen und friedlichen Veränderungen in vielen Teilen *Osteuropas* erwachen und sehen, wie neue Spannungen und tödliche Kämpfe unter nationalen, ethnischen und sogar religiösen Gruppen ausbrechen, beginnen wir alle zu verstehen, daß es in *Europa* keinen glaubwürdigen und dauerhaften Frieden ohne eine neue Solidarität unter den Völkern unseres Kontinents geben kann. *Erzbischof Helder Camara* stellt in seinem Buch *Die Wüste ist fruchtbar* zwei Fragen, die ernsthaft von uns bedacht werden sollten: *Sind wir so taub, daß wir den Gott der*

Liebe nicht hören, der uns ankündigt, daß die Menschheit vor der Gefahr des Selbstmords steht? Sind wir so egoistisch, daß wir nicht den gerechten Gott hören, der uns auffordert, alles zu tun, was uns möglich ist, um der Ungerechtigkeit ein Ende zu bereiten, die auf der Welt lastet und sie zum Krieg führt?

Die damit eingeforderte neue Solidarität unter den Völkern muß in der tiefen religiösen Überzeugung verwurzelt sein, daß wir alle Schwestern und Brüder sind. Solidarität bedeutet eine Beziehung zu den anderen, die ausgeht vom Bewußtsein grundlegender Einheit. *Ich glaube, daß Gott mich geschaffen hat samt allen Kreaturen*, sagt *Luther* in seinem *Kleinen Katechismus*. Dieses grundlegende Verständnis hat eindeutige Konsequenzen für die Beziehungen der Völker, Rassen, Nationalitäten, ethnischen Gruppen und Religionen untereinander. Alle, die zu Gott gehören, müssen einander mit Respekt begegnen, und zwar unter allen Umständen. Es ist eigentlich einfach: Wenn die neue Solidarität nicht von uns, die wir uns als religiöse, Gott unterworfene Menschen betrachten, ausgeht, woher soll dann eine genügend starke Motivation kommen, um einem zerstörerischen Krieg vorzubeugen oder ihn zu beenden?

Martin Luther King hat gesagt: *In diesen Tagen der größeren Freiheit für alle gibt es keine Entschuldigungen für die blinde Gier nach Macht, die die Kriege in den Generationen vor uns verursacht hat ... Dies ist also die Frage: Haben wir die Moral und den erforderlichen Mut, um als Geschwister ohne Angst zusammenzuleben? Bevor es zu spät ist, müssen wir den Abgrund zwischen unseren Friedensaufrufen und unseren bescheidenen Werken auffüllen, die den Krieg beschleunigen und fortsetzen.*

Knud Wumpelmann

Als Christen den heutigen Problemen begegnen

In *Europa* ist die Entwicklung einer neuen Solidarität unter den Völkern durch einige Faktoren ernsthaft bedroht.
Zunächst sind hier der wachsende Rassismus sowie die wachsenden Spannungen zwischen nationalen und ethnischen Gruppen und sogar zwischen religiösen Gruppierungen zu nennen. Dies betrifft nicht nur den Teil *Europas*, der jahrzehntelang von totalitären kommunistischen Regierungen mit eiserner Hand zusammengehalten wurde und der mit der neuen Freiheit in viele Teile auseinandergefallen ist. Es gilt auch für viele andere europäische Länder und besonders für die, die eine große Zahl von Flüchtlingen aufgenommen haben. Bevor wir anderen sagen, was sie tun sollen, sollte jeder von uns sein eigenes Land betrachten und auf christliche Weise den Problemen begegnen.
Dies bedeutet, daß wir vom *Alten Testament* lernen müssen, was dort über die Beziehungen des jüdischen Volkes zu den Fremden im eigenen Land ausgesagt ist. Und wir müssen am Beispiel unseres *Herrn Jesus* lernen, der am Tag des Gerichts denen zu seiner Rechten sagen wird: *Ich war fremd ... und ihr habt mich aufgenommen.* Und: *Was ihr für einen meiner geringsten Brüder getan habt, das habt ihr mir getan* (Mt 25,40).
Als Christen müssen wir uns deutlich gegen jede Art von Rassismus und Feindschaft unter den Nationen und ethnischen Gruppen aussprechen, vor allem auf lokaler Ebene, doch sicherlich auch auf nationaler und internationaler Ebene. Vor kurzem hat zum Beispiel ein Gerichtsurteil in *Los Angeles* Plünderungen und Lynchjustiz ausgelöst. Vier Polizisten, die einen farbigen Fahrer verprügelt hatten, waren frei-

gesprochen worden. Der *Baptistische Weltbund* hat daher ein Komitee gegen Rassismus eingesetzt, dessen Ehrenpräsident der ehemalige Präsident der Vereinigten Staaten *Jimmy Carter* ist. Die erste Tagung dieses Komitees hat gezeigt, daß die Christen ein starkes Bedürfnis verspüren, gegen den Rassismus auch in ihren eigenen Reihen zu kämpfen.

An zweiter Stelle stehen die Ungerechtigkeiten und Spannungen zwischen arm und reich in *Europa* und in der ganzen Welt. Dieses Problem besteht zwischen *West- und Osteuropa* und zwischen der nördlichen und der südlichen Hemisphäre.

Jimmy Carter hat vor kurzem auf dieses Thema aufmerksam gemacht: *Die Diskriminierung aus Gründen der Rasse und der Religion ist sehr schwerwiegend, doch ich glaube, daß wir und die ganze Welt in dieser Zeit hauptsächlich von der Diskriminierung der Armen durch die Reichen geplagt werden. Wer sind die Reichen? Wer sich in diesem Raum befindet, ist ein reicher Mensch. Ein Reicher ist der, der eine Wohnung hat, eine Familie, eine gewisse Bildung, eine angemessene Arbeitsmöglichkeit, genügend Nahrung, ein gewisses Maß an Gesundheitsfürsorge und einige Hoffnung für die Zukunft. Die Kirchen haben wenig getan, um den Armen zu helfen. Was ich hier sage, wird Ihnen nicht gefallen. Die Politiker arbeiten viel mehr als die Kirchen dafür, der Diskriminierung der Armen ein Ende zu setzen.*

An dritter Stelle ist vor allem im ehemaligen *Osteuropa* ein neuer Aufschwung traditioneller Religiosität zu beobachten. Nach dem Ende der Systeme des Atheismus in den ehemaligen kommunistischen Ländern haben die großen spirituellen Bedürfnisse dort zu einer enormen Invasion von Menschen jeder religiösen Richtung geführt, von denen viele über eine nur geringe Kenntnis des kulturellen und religiösen Hintergrundes der Völker verfügen, unter denen sie nun arbeiten. Wenn man diesen Hintergrund kennt, kann man die Reaktion der ehemaligen Staatskirchen leicht verstehen. Es ist bedauerlich, daß diese neue Entwicklung, vor allem auf lokaler Ebene, eine Abkühlung der vorher besseren Beziehungen unter manchen Kirchen und religiösen Organisationen verursacht hat. Es gibt auch hierfür einen verständlichen Grund: Vorher war die Zusammenarbeit der religiösen Organisationen wegen des kommunistischen Systems eine Notwendigkeit, und deshalb lehnt man sie heute ab. Trotzdem sollten die, die hier tätig sind, das Problem auf religiöse Weise neu überdenken.

Das »Missionsland Europa« ist ein Zeichen der Hoffnung

Glücklicherweise gibt es gegenwärtig auch in *Europa* ermutigende Zeichen für eine neue, bessere und offenere Haltung der Kirchen untereinander. Als die Kommission *Word Mission and Evangelism* des *Ökumenischen Rates der Kirchen* in *Mexiko City* im Jahr 1963 zusammentrat, um über das Thema *Die Mission in den sechs Kontinenten* zu diskutieren, war die Antwort eines Teils der großen Kirchen in *Europa* ziemlich negativ. Der europäische Kontinent, so sagte man, müsse sicherlich nicht als Missionsland angesehen werden. Diese Anschauung hat sich geändert. Bei der *Europäischen Synode der römisch-katholischen Bischöfe im Dezember 1992* im *Vatikan* wurde über eine neue Evangelisation *Europas* diskutiert, die angesichts der Verbreitung des Säkularismus und des Atheismus nötig ist. Heute

wird *Europa* als Missionsland angesehen, und dies ist ein hoffnungsvolles Zeichen.
Als Christen dürfen wir nicht von einer neuen Solidarität unter den Völkern sprechen, wenn wir nicht zuerst bereit sind, von einer Solidarität unter Christen zu sprechen. Wenn wir nicht fähig sind, die Einheit zu sehen und auszudrücken, die Gott uns gegeben hat, können wir dann dazu fähig sein, auf richtige Weise für die Solidarität unter den Völkern zu kämpfen?
Die neue Solidarität unter den Völkern ist keine einfache Aufgabe, sondern eine große Herausforderung. Solidarität erfordert Versöhnung, wie *Allan Boesak* sagte: *Die wahre Versöhnung kann nicht ohne Konfrontation geschehen. Die Versöhnung bedeutet nicht Wohlergehen, sondern heißt das Böse zu beherrschen. Für die Versöhnung mußte Christus sterben.*

(Mailand 1993)

Vertreter Asiens beim Friedensgebet in Bari, 1990
In der Mitte ein Repräsentant des ursprünglich aus Persien stammenden Zoroastrismus

Shoten Minegishi

Der Dialog der Religionen und die Erwartungen der Welt

In *Brüssel* und *Löwen* wurde im September 1992 der Weg des Friedensgebetes fortgesetzt, der 1986 bei der Begegnung in *Assisi* begonnen hatte. Unglücklicherweise haben während des Jahres 1992 die Kriege nicht aufgehört, sondern sich mit neuer Gewalt fortgesetzt. Wie haben wir diese Tatsache gedeutet? Das Thema der Begegnung in Belgien *Der Dialog der Religionen und die Erwartungen der Welt – von Assisi nach Brüssel* schließt die Frage mit ein: Warum erwarten die Menschen einen Dialog zwischen den Religionen? Was erwarten sie von einem solchen Dialog?

Heute quälen uns die kriegerischen Konflikte zwischen Religionen und Völkern. Heute, im Zeitalter der Megakommunikation, – wir können alle Nachrichten direkt erhalten – lehnen es viele Menschen ab, daß die unterschiedliche Religionszugehörigkeit zur Ursache von Kriegen wird. Sie fordern ein Ende der Diskriminierung und Marginalisierung wegen religiöser Unterschiede.

Die wichtigsten Erwartungen, die sich mit dem interreligiösen Dialog verbinden, sind: Die Gleichheit aller Menschen, auch bei unterschiedlicher Religionszugehörigkeit, soll deutlich zum Ausdruck kommen; die von den unterschiedlichen Religionen den Menschen zugesprochene Heilsbotschaft soll anerkannt werden; es soll gewährleistet sein, daß die Zugehörigkeit zu unterschiedlichen Religionen weder ein Hindernis für eine Heirat darstellt, noch Diskriminierung in irgendeiner Form zur Folge hat; so soll das Recht auf ein Leben in Gleichheit sichergestellt werden.

Die Zugehörigkeit zu unterschiedlichen Religionen verhindert nicht die gegenseitige Freundschaft. Diese Tatsache muß von den Repräsentanten der unterschiedlichen Konfessionen unterstrichen und deutlich gemacht werden, sie muß sich fest im Bewußtsein jedes einzelnen Volkes verankern und ein Bestandteil des alltäglichen Lebens werden, so daß wir schließlich konkret unsere Gleichheit als Menschen spüren, die zusammengehören trotz unterschiedlicher Glaubensbekenntnisse.
Der Auftrag dieser Epoche besteht für uns religiöse Menschen in dem Versuch, ein neues Paradigma zu schaffen, in dem wir uns dank der Erfahrungen dieser Begegnungen zusammengehörig fühlen können, ohne diskriminiert zu werden. Als Ausgangspunkt der Diskussion werde ich folgende Frage aufgreifen: *Wie soll man mit der Tatsache umgehen, daß mehrere Religionen auf der Welt existieren?*
In buddhistischen Ländern gibt es Menschen, die trotz ihrer buddhistischen Erziehung Verbrechen begehen; auch in den christlichen Ländern gibt es gute und gibt es böse Menschen. Wie läßt sich diese Realität deuten? Angenommen, es existierte ein Land, in dem ein Glaube verkündet würde, der eine überdurchschnittliche Zahl an sehr guten Menschen und eine minimale Anzahl von Verbrechern hervorbrächte, dann müßten wir die Überlegenheit dieser Religion anerkennen. In Wirklichkeit gibt es ein solches Phänomen jedoch nicht, von daher können wir nicht von der Überlegenheit einer bestimmten Religion ausgehen.
So entstehen zwischen Religionen, bei denen keine der anderen in eindeutiger Weise überlegen ist, aufgrund der unterschiedlichen Glaubensvorstellungen viele Konflikte. Laßt uns gemeinsam darüber nachdenken, weshalb so viele Konflikte zwischen den

Religionen entstanden sind und noch immer entstehen.

In einer *amerikanischen Universität* wurde ein *Experiment* durchgeführt. Der Versuch bestand darin, einer hinter einer Glasscheibe sitzenden Person durch das Drücken eines elektrischen Schalters bis zum Todeskampf (nur simulierte) Schmerzen zuzufügen. Von den Testpersonen, die alle fest von der Wichtigkeit des Experiments überzeugt waren, setzten 80% das Drücken des Schalters weiter fort, obwohl die Schmerzen des »Opfers« deutlich sichtbar waren. Diese Untersuchung macht deutlich, daß wir das Leid eines anderen nicht mehr wahrnehmen und sogar für unsere eigene Gewalttätigkeit und Ungerechtigkeit eine Rechtfertigung finden, sobald wir tief und fest an einen bestimmten Wert glauben.

Der wahre Glaube schließt andere nicht aus

Wenn man glaubt, daß etwas wahr ist, bedeutet das gleichzeitig, daß etwas anderes unwahr ist. An eine Sache zu glauben bedeutet, andere zu negieren. Wenn der Wesenszug eines religiösen Menschen darin besteht, sich zu einem bestimmten Glauben zu bekennen, dann müßte zwangsläufig eine bestimmte Ausschließlichkeit daraus folgen. Dies ist eine der Ursachen für religiöse Konflikte.

Betrachten wir die Stifter der einzelnen Religionen, so können wir nicht davon ausgehen, daß die Religionen von sich aus einen ausschließlichen Charakter haben. Denn das wahre Wesen der Religionen überschreitet alle Begrenzungen.

Warum also wird ein ursprünglich offener Glaube zu einem ausgrenzenden, der das *ich* von den *anderen* trennt? Es liegt daran, daß man Einheit unter Gläubigen aufbaut und andere ausschließt. Sich mit demjenigen zu vereinen, der demselben Glauben angehört, ist wichtig, um den eigenen Glauben zu vertiefen und stark und sicher in diesem Glauben zu leben. Wenn die Zahl der Gläubigen nicht wächst, kann die Lehre des Stifters nicht weitergegeben werden. Sich mit seinen Glaubensgenossen zusammenzuschließen, ist die Basis einer jeden Religion. Das bedeutet, daß der ausschließliche Charakter zum Wesen der Religion gehört.

Genau vor hundert Jahren fand anläßlich des vierhundertsten Jahrestages der Entdeckung *Amerikas* die Weltausstellung in *Chicago* statt. Unter den verschiedenen Veranstaltungen befand sich eine sehr wichtige Initiative: Eine Tagung zu den Weltreligionen, an der über zweihundert Vertreter sechzehn verschiedener religiöser Richtungen teilnahmen. Als ich die japanischen Dokumente las, die zu diesem Anlaß entstanden sind, stellte ich fest, daß man damals daran gedacht hatte – aus Angst, man könnte von der Propaganda der amerikanischen Gläubigen vereinnahmt werden – nicht teilzunehmen. Auch auf der Seite der Amerikaner war man besorgt, daß die japanischen Religionsvertreter nur kämen, um für ihren eigenen Glauben zu werben. In Wirklichkeit hatte diese Tagung einen großen Erfolg, da sie von tiefer gegenseitiger Achtung der jeweiligen Religionen und Teilnehmer geprägt war.

Das grundsätzliche Mißtrauen gegenüber anderen Religionen hat sich jedoch nicht wesentlich geändert. Ich muß zugeben, daß es bis heute Leute gibt (auch unter den Journalisten), die denken, wir würden von der religiösen Propaganda in *Europa* instrumentalisiert. Wenn die Gelegenheit zu einer wirklichen Begegnung fehlt, dann verarmt das menschliche Herz, das Herz von uns religiösen Menschen, schnell.

In der wahren Begegnung zeigen sich die Kriterien für einen wahrhaft religiösen Menschen

Die Unwissenheit von uns religiösen Menschen läßt sich ziemlich deutlich am Zustand des interreligiösen Dialogs festmachen. Das Mißtrauen gegenüber den anderen wird solange bestehen bleiben, bis nicht eine wahre Begegnung stattgefunden hat.
Als der erstgeborene Sohn eines buddhistischen Priesters war ich dazu bestimmt, selbst einen religiösen Lebensweg einzuschlagen und Wächter eines buddhistischen Tempels zu werden. Als ich Student an einer weiterführenden Schule war, überkam mich ein großer Zweifel: *Die Buddhisten glauben, daß die buddhistische Lehre die einzig wahre wäre, die Christen glauben, daß die christliche Lehre den anderen überlegen sei; selbstverständlich glauben auch die Moslems, der Islam beinhalte die Wahrheit. Aber ist es denn möglich, daß so viele Wahrheiten existieren, wie es Religionen gibt? Die Wahrheit müßte doch einzigartig sein; ist also nur eine Religion die richtige und die anderen irren sich? Oder sind alle Religionen wie die Blinden, die einen Elefanten berühren, und nur den Teil der Wirklichkeit wiedergeben können, den sie verstehen konnten?* Ich wollte mich selbst besser kennenlernen, die Religionen studieren und die Wahrheiten, nach denen sie suchen. Also entschloß ich mich, an einer katholischen Universität zu studieren. Denn die Philosophie ist im kulturellen Umfeld *Europas* entstanden, und die Tradition des antiken *Griechenland*, d.h. der *Hellenismus* und das *Judentum*, wie sie in der jüdischen Tradition und im *Christentum* sichtbar sind, stellen die Wurzeln der europäischen Kultur dar. Ich dachte, man könne den Hellenismus mit Hilfe des Theologiestudiums verstehen und das

Judentum bei Menschen kennenlernen, die in dieser Tradition leben. Beim reinen Studium aus Büchern sah ich die Gefahr, die Dinge nicht richtig zu verstehen.

Daraufhin konnte ich in den vier Jahren meines Studiums zu mehr als hundert Personen, Missionaren aus zwanzig verschiedenen Ländern, Kontakte knüpfen. Aufgrund dieser Begegnungen mit Japanern und Ausländern, die im Glauben an die jüdisch-christliche Tradition lebten, bin ich zur Einsicht gelangt, daß es drei Kriterien gibt, woran man einen wirklich *religiösen Menschen* erkennt:

1. Der wirklich religiöse Mensch ist eindeutig und offen; der religiöse Mensch, der düsterer Natur ist, scheint noch nicht zur Klarheit vorgedrungen zu sein.
2. Derjenige, der im wahren Glauben lebt, ist sehr aktiv. Wenn sich jemand in Schwierigkeiten befindet, hat er die Offenheit, auf ihn zuzugehen und ihn zu fragen.
3. Derjenige, der einen starken Glauben hat, ist sehr tolerant gegenüber den Glaubensvorstellungen der anderen, aber sehr streng im Hinblick auf seinen eigenen Glauben und sein eigenes Verhalten.

In dieser Zeit hatte ich die Lehre des Christentums noch nicht richtig verstanden, hatte aber wenigstens die Möglichkeit gehabt, mich einigen Menschen anzuvertrauen, die sich zum christlichen Glauben bekannten.

Nach der Universität trat ich ins Zen-Kloster ein, wo man sich unter den Mönchen zum Gruß mit gefalteten Händen verneigt. Ich bemerkte jedoch, daß mit zunehmender Gewöhnung an das mönchische Leben diese Verneigung immer mehr zu einem formalen Akt wurde. Doch unser Meister, der sehr streng war, beantwortete unseren Gruß mit einer sehr respekt-

vollen Verneigung, die von Herzen kam. Sein Gruß war immer offen und warm und entfachte in mir den Wunsch, mich ständig in seiner Nähe aufzuhalten, um die Verneigung sehen zu können.
Diese Erfahrung lehrte mich eine weitere Voraussetzung, die einen religiösen Menschen ausmacht: Ein solcher Mensch ist äußerst streng gegen sich selbst und sehr offenherzig und liebevoll den anderen gegenüber.
Durch die Begegnung mit den katholischen Missionaren habe ich gute Christen kennengelernt und kann deswegen das Christentum nicht mehr ablehnen. Im Zen-Kloster lernte ich einen wunderbaren Meister kennen und kann daher auch den Buddhismus nicht ablehnen. Anfänglich wollte ich verstehen, welche der Religionen die bessere sei. Heute ist mir klar, daß jede ihre eigene Berechtigung hat. Wenn ich dieselbe Erfahrung mit einem wahren Moslem gemacht hätte, hätte ich sicher diese Meinung auch vom Islam.

Gott ist einzigartig, allgegenwärtig, universal und offen

Während meines zweijährigen Aufenthalts in einem katholischen Kloster hat man mich oft gefragt: *Wie kannst du als Buddhist an der katholischen Liturgie teilnehmen?* Diese Frage brachte mich in Verlegenheit. Was würden wohl meine Glaubensgenossen denken, wenn sie mich vor dem Kreuz knien sähen? Könnte ich mich genauso in ihrer Gegenwart vor dem Kreuz niederknien? Zu meinen Glaubensgenossen möchte ich sagen: *Die Lehre Buddhas ist die höchste, seid beruhigt.* Das ist die einfachste, leichteste und sicherste Methode, um uns nicht in Verruf

zu bringen. Ich kann ihnen nicht sagen, jeder Glaube sei gleich, man könne in jeder Religion Erlösung finden. Würde ich dies so sagen, wären sie verwirrt.
Warum also kann ich an dem Gottesdienst einer anderen Religion teilnehmen? Ich habe so geantwortet: *Jener, an den sich unser Glaube richtet, ist allgegenwärtig, universal und offen.* Jede Form unseres Gebets kann erhört werden. Man könnte dasselbe auch vom Christentum sagen: Jener, an den sich das Gebet richtet, ist gewiß offen und allgegenwärtig. Daher dringt mein Gebet, wenn ich an einem christlichen Gottesdienst teilnehme, zum Ziel unseres Glaubens vor und kommt dort an. Wenn wir an die Allgegenwart dessen glauben, an den wir unsere Gebete richten, fühlen wir uns plötzlich freier und offener. In dieser offenen Freiheit finden wir den ursprünglichen Frieden, den wir suchen.
Die Religion selbst trägt das Problem der menschlichen Schwachheit in sich. Der wahre Glaube müßte unendlich offen sein, um alles zu akzeptieren, doch unsere Unwissenheit und Schwachheit setzen ihm immer Grenzen. Vor allen Dingen wir geistlichen Menschen müssen uns von unserem Mangel an Großzügigkeit und Glauben befreien. Um aber unsere Unvollkommenheit zu überwinden, müssen wir uns weiterhin treffen und uns mit denjenigen an einen Tisch setzen, die einen anderen Glauben haben oder einer anderen Religion angehören. Denn in der Begegnung selbst liegt die Kraft, die es vermag, den ausschließlichen Charakter der Religionen und den Glaubensverfall bei ihren Vertretern zu überwinden. Deshalb ist der interreligiöse Dialog immer der Weg, den wir einschlagen müssen.

Wenn ich vor Gläubigen die Einheit aller Religionen betone, verspüre ich eine gewisse Verlegenheit, wie ich schon gesagt habe. Deswegen denke ich, es wäre besser, wenn auch die Gläubigen selbst in den Dialog mit anderen Religionen träten und nicht nur ihre offiziellen Vertreter. Denn ohne einen breiten Konsens der Gläubigen wird es uns nicht gelingen, den Dialog zwischen den Religionen voranzubringen. Wir, die wir alle gemeinsam auf dieser Erde leben, sind heute gezwungen, unsere Einstellungen zu ändern.

Wir wollen die Grenzen unserer Vorstellungen gemeinsam überwinden. In diesem Sinne danke ich aufrichtig für diese Begegnungen für den Frieden, die von *Assisi* bis heute von der *Gemeinschaft Sant' Egidio* organisiert wurden, einer Gemeinschaft von Katholiken, die einen sehr wichtigen Ort für den interreligiösen Dialog geschaffen hat. Dieses Mal habe ich einige Gläubige aus unserem Orden mitgebracht, weil ich den Kreis der Teilnehmer erweitern möchte und will, daß auch unsere Laien daran teilhaben.

Seit sieben Jahren, von *Assisi* bis heute, haben wir jedes Jahr an verschiedenen Orten dieses Gebet für den Frieden wiederholt, trotz der Einschränkungen, die die Umstände und unsere Fähigkeiten uns auferlegten. Wir haben unsere Grenzen, aber wir möchten gemeinsam mit allen beten und unseren Geist reinigen, weil wir gemeinsam in diesen Zeiten leben, und wir wollen das Versprechen ablegen, unser Leben für die Botschaft der Freiheit, die uns der Frieden bringt, einzusetzen.

(Mailand 1993)

Vertreter Asiens
In der Mitte Etai Yamada, oberster Abt der buddhistischen Tendai-Schule
Mailand 1993

Pietro Rossano†

Die soziale Verantwortung des Gläubigen

Aus vielen Teilen der Welt sind wir in der polnischen Hauptstadt *Warschau* zusammengekommen, um uns gemeinsam an den 50. Jahrestag des Ausbruchs des größten Krieges der Geschichte zu erinnern. Wir sind als Arbeiter für den Frieden gekommen, im *Geist von Assisi*, mit ähnlichen Empfindungen wie am 27. Oktober 1986, als das Oberhaupt der katholischen Kirche, *Papst Johannes Paul II.*, ein Sohn dieser polnischen Nation, die Verantwortlichen der christlichen Kirchen und der Weltreligionen eingeladen hatte, in der Stadt für den Frieden zu beten, die mit dem Namen des *heiligen Franziskus* verknüpft ist. Wir sind gläubige Menschen, und als solche wollen wir uns äußern, jeder aus seiner eigenen Identität heraus. Wenn sich die Religionen im einzelnen auch sehr voneinander unterscheiden, haben sie doch alle jene letzten Dinge zum Gegenstand, die über die nationalen, politischen und wirtschaftlichen Probleme sowie über die alltäglichen individuellen Sorgen hinausgehen. So sind die Religionen den Menschen alles andere als fremd und gleichgültig, bestimmen sie doch letztlich ihre Lebensweise und sind die Grundlage für ihr Tun und für ihre Hoffnungen.

Die Politiker, die am 1. September 1939 jene höllische Kriegsmaschinerie in Gang gesetzt haben, die auch Polen zerstörte, waren der Religion zutiefst feindlich gesonnen und lehnten sie völlig ab. Sie folgten irrigen, gefährlichen und veralteten Ideologien und behaupteten, daß die Religion eine Krankheit der Menschheit sei. Deshalb wollten sie die Religion aus den Herzen der Menschen und aus der

Gesellschaft restlos entfernen. Freilich sind wir uns als religiöse Menschen der Tatsache bewußt, daß wir mitverantwortlich sind für gewisse Abneigungen gegenüber der Religion, weil wir dem Anspruch der Religion wahrlich nicht immer gerecht geworden sind.
Es muß jedoch anerkannt werden, daß es in jenen traurigen Tagen des Kriegsausbruchs zumindest *eine* religiöse Stimme gab, die lautstark den Krieg verurteilt hat: *Mit dem Frieden kann alles gerettet, mit dem Krieg alles zerstört werden*, dies war der Aufschrei von *Papst Pius XII.*, der am 28. August 1939 aus *Castelgandolfo* bei Rom ertönte. Leider hatte der Papst nicht die Macht, den Krieg abzuwenden, der die ganze Welt überflutet und endlose Grausamkeiten und Leiden entfesselt hat. Dennoch ist im Lauf des dramatischen Krieges und in den Jahren, die ihm unmittelbar folgten, aus dem Blut und aus den Tränen, die auf die Erde vergossen wurden, etwas Neues und Wichtiges im Bewußtsein der Anhänger der großen Religionen entstanden.
Ich möchte sagen, daß seitdem bei religiösen Menschen das Bewußtsein für soziale Verantwortung gewachsen und gestärkt worden ist. Es ist das Bedürfnis gewachsen, sich auf konkrete Weise dem Dienst an den Menschen zu widmen, und es ist der Wille gewachsen, für den sozialen Fortschritt zu arbeiten und sich aufrichtig für den Frieden einzusetzen.

Eine Ergänzung durch die Seele

Das Leid, das unseren Planeten wie eine Flutwelle überschwemmt hat, hat nach dem Krieg viele religiöse Menschen von einer gewissen Trägheit, von leeren Ritualen und falscher Frömmelei befreit und sie auf verschiedene Weise angespornt, ihre spirituellen Kräfte für den Wiederaufbau einer sozialen Ordnung einzusetzen.

Islam, Hinduismus, Buddhismus, japanischer Shintoismus, Judentum und die traditionellen *afrikanischen Religionen* haben am Prozeß des Aufbaus der Nationen teilgenommen, der die Jahre nach dem Weltkrieg charakterisierte. Die *christlichen Kirchen* haben vor allem auch die Notwendigkeit verspürt, auf dem Weg zur Einheit schneller voranzugehen und zu den Problemen der Welt gemeinsam Position zu beziehen. Die katholische Kirche mit ihren Päpsten, dem *Zweiten Vatikanischen Konzil* und ihren Bischofskonferenzen forderte an vorderster Front die Würde der menschlichen Person, das Recht auf Religionsfreiheit, die Notwendigkeit eines geordneten sozialen Fortschritts, den unermeßlichen Wert der menschlichen Arbeit, die Notwendigkeit der Solidarität und den Dialog zwischen den großen Religionen für den Frieden und die Geschwisterlichkeit unter den Menschen.

Die Welt ist Zeuge, daß die Religionen nach der tragischen Erfahrung des Krieges nicht mehr – oder besser: nicht mehr nur – so wie vorher sind. Sie fühlen sich stärker verantwortlich für den Frieden und das Wohl der Menschen auf der Erde und haben begonnen, miteinander zu sprechen, miteinander zu wetteifern, konkret zusammenzuarbeiten und einander entgegenzukommen.

Die Tage von *Assisi*, deren Erinnerung wir hier wachrufen wollen, haben öffentlich und vor aller Augen diese Haltung der Religionen gewürdigt. Diese Begegnung, so *Papst Johannes Paul II.* in der Enzyklika *Sollicitudo rei socialis* vom 30. Dezember 1987, *hat allen gezeigt, wie sehr der Friede und, als seine notwendige Bedingung, die Entwicklung eines jeden Menschen und aller Menschen auch eine religiöse Frage sind, und wie die volle Verwirklichung beider von der Treue zu unserer Berufung als gläubige Männer und Frauen abhängt.*

Als vor 50 Jahren der Krieg ausbrach, waren Worte wie diese und vor allem eine Begegnung wie die in *Warschau* undenkbar. Heute hingegen setzen wir uns hier im aufrichtigen Bewußtsein von religiösen Menschen für den Frieden und die Geschwisterlichkeit unter allen Menschen ein.

Wir wissen, daß wir von einer vollkommenen Harmonie unter uns noch weit entfernt sind, und daß auch unsere Einheit und Zusammenarbeit immer wieder neu erkämpft werden muß. Dennoch spüren wir heute als *Christen, Juden, Moslems, Hindus, Buddhisten* und *Anhänger anderer Religionen* deutlich, wie unser religiöses Gewissen uns dazu aufruft, uns entschlossener für die Menschen einzusetzen, um ihre Leiden zu lindern, die Tränen zu trocknen, ihnen eine Hoffnung zu geben und ihnen zu helfen, in Solidarität und Gerechtigkeit leben zu können. Deshalb sind wir hier zusammengekommen in einer für uns und für die Welt bedeutsamen Geste: Wir wollen uns im Namen unseres jeweiligen Glaubens, so unterschiedlich er auch sein mag, aufrichtig für unsere Brüder und Schwestern einsetzen, um *ihre Schritte zu lenken auf den Weg des Friedens* (vgl. Lk 1,79). Wir wollen die historische Aufgabe erfüllen, zu der uns unsere Verantwortung ruft.

Im Gegensatz zu früher sprechen sich heute Stimmen aus der Wissenschaft eindeutig für die Notwendigkeit von Religion und Ethik für die freie demokratische Gesellschaft aus, in der alle leben wollen. Ohne religiös-ethische Werte fehlt die Basis für die Respektierung der Menschenrechte, der Würde der Person und für eine wahre Hoffnung.

Die prophetischen Worte von *Henri Bergson* scheinen immer aktueller zu werden: *Le corps agrandi attend un supplément d'âme: Der größer gewordene Leib wartet auf eine Ergänzung durch die Seele* (*Les deux sources de la morale et de la religion,* Paris 1932).

Die Religion lehrt die Überwindung des Bösen, die Unverletzlichkeit einer moralischen Ordnung, den Einsatz für die Gerechtigkeit und die Gastfreundschaft gegenüber dem anderen. Jede Religion macht sich die Worte zu eigen, die *Dante Alighieri*, der größte christliche Dichter des Okzidents, dem *Odysseus* in den Mund gelegt hat: Menschen, *bedenkt euren Ursprung: Ihr seid nicht dazu geschaffen, als Bösewichte zu leben, sondern um der Tugend und der Erkenntnis zu folgen* (Dante Alighieri, *Inferno*).

Der Tugend und der Erkenntnis zu folgen ist der radikale Imperativ religiösen Denkens. Heute wollen wir uns gegenseitig sagen und vor allen erklären, daß wir voll Freude und Kraft auf unsere Berufung als religiöse Menschen hören, im aufrichtigen Respekt vor den Kompetenzen der Politiker, der Wirtschaftsfachleute, der Juristen und Wissenschaftler, die wir in Ehren halten wollen. In unserem Herzen hören wir den Schrei vieler leidender Menschen widerhallen, die uns anschauen und uns zurufen: *Enttäuscht uns nicht!*

Wir wollen uns unserer Verantwortung nicht entziehen, den Menschen die spirituellen und moralischen Werte anzubieten, die sie brauchen: Wahrheit, Gerechtigkeit, Liebe, Friede und Gebet; und wir wollen mit dem Beispiel unseres eigenen Lebens vorangehen. Zu allen Zeiten wollte der Mensch über den Horizont der Erde und der Sterne hinausschauen und sich dem Geheimnis zuwenden, das über ihn hinausgeht und ihn anzieht. Wir wollen uns auch nicht der oft undankbaren und gefährlichen Aufgabe entziehen, das anzuprangern, was pervers und gewalttätig ist, was der Vernunft und dem religiösen Glauben widerspricht, was den Menschen in seiner Würde erniedrigt und was sein Leben und seine Familie zerstört.

Ein Zeichen mit vielen Bedeutungen

Um all dem Ausdruck zu verleihen, treffen wir uns hier in *Warschau*, jener Stadt, die als erste den absurden Schmerz des Krieges erfahren mußte. Unsere Zusammenkunft will daher ein Zeichen sein, ein Zeichen mit vielen Bedeutungen: Vor allem ein Zeichen der Geschwisterlichkeit und Gemeinschaft mit all den *Christen, Juden* und *Moslems*, mit den *Polen* und Menschen anderer Nationalität, die hier in *Polen* gelitten haben, und mit allen Opfern des Krieges zu Lande, zu Wasser und in der Luft, der im schrecklichen Geschehen hier in *Auschwitz*, sowie in *Nagasaki* und *Hiroshima* gipfelte.
Dieses Treffen will darüber hinaus ein Zeichen der radikalen Ablehnung des Krieges und der Gewalt als Mittel zur Konfliktlösung sein, ein Zeichen der Reue dafür, daß wir unsere Verantwortung nicht wahrgenommen haben.
Wir wissen, daß jede Religion ihr Maß an Schuld auf sich geladen hat. Wir nehmen das demütig zur Kenntnis und bekennen uns dazu. Statt andere anzuklagen, bemühen wir uns persönlich, uns zu bekehren und uns zu bessern. Wir setzen uns vor allem dafür ein, daß die Religion kein Grund zur Trennung und zur Verachtung anderer wird und dadurch ihrem Wesen widerspricht. Wir wollen ein Zeichen der Achtung und der gegenseitigen Gast-

freundschaft unter den Menschen in ihrer Verschiedenheit sein, denn der Respekt vor dem anderen ist die wichtigste Voraussetzung für eine zivile Gesellschaft und für den Frieden. Wir setzen uns daher gegen jegliche Form von Diskriminierung und Apartheid ein, die ein Verbrechen gegen die Menschlichkeit und einen Angriff auf den Frieden darstellen.

Unsere Versammlung soll also ein Zeichen dafür sein, daß wir unsere religiöse Inspiration immer stärker auf den Dienst am Menschen ausrichten wollen, vor allem auf den Dienst an den Kindern, an den Armen, den Leidenden und den alten Menschen, auf den Einsatz für das menschliche Leben und gegen jegliche Gewalt, der es von seiner Entstehung bis zum Tod ausgesetzt ist. Wir wollen ein Zeichen des Willens zur Zusammenarbeit auf der Grundlage unserer gemeinsamen transzendenten Werte setzen. Wir bekennen uns zur Liebe zum Menschen und zu den notwendigen politischen, rechtlichen und wirtschaftlichen Normen, die zur Verwirklichung des nie völlig erreichbaren Ideals einer gerechten und stabilen Gesellschaft beitragen. Deshalb drücken wir unsere Dankbarkeit und Bereitschaft aus gegenüber dem Papst der katholischen Kirche, gegenüber den Verantwortlichen der christlichen Kirchen und der interreligiösen Organisationen, sowie gegenüber den Verantwortlichen der Staaten und der internationalen Einrichtungen, die uns zur Zusammenarbeit für eine bessere Gesellschaft eingeladen haben.

Wir wollen ein Zeichen für die Notwendigkeit eines transzendenten Horizonts in der Gesellschaft von heute sein, ein Zeichen, das die Menschen an das Erfordernis erinnern will, nicht nur den Körper, sondern auch den Geist zu nähren, das sie aus dem Gefängnis des Egoismus herausruft und sie ermuntert, ihren materialistischen Horizont zu überwinden und Verantwortung für die Schöpfung zu übernehmen, in der sie leben. Wir wollen ein Zeichen für Genügsamkeit, Milde und innere Schönheit sein – Eigenschaften, die uns für Gott und die Menschen wertvoll machen.

Unsere Begegnung will ein Zeichen für das Band sein, das einen wahrhaft religiösen Geist zwangsläufig an den Frieden bindet. Wenn eine Religion das Beste von sich selbst gibt, strebt sie nach Frieden. Uns ist bewußt, daß die Religion selbst eine schwache Kraft ist. Waffen, Geld und politische Macht sind ihr fremd. Angesichts vieler Worte bevorzugt sie die Stille, um zu sich selbst zu kommen und nachdenklich zu werden. Aber sie besitzt die Kraft des Geistes, die sie stark, unbesiegbar und schließlich siegreich machen kann. Wir denken deshalb in diesem Augenblick an die Gestalten der Heiligen und der Märtyrer aller Religionen. Sie leisteten einen Dienst für den Frieden, sie haben den Frieden gestiftet. Auch wenn sie oft von der Gewalt und List ihrer Gegner überwältigt wurden, waren sie in Wahrheit die Sieger, und ihre Namen erstrahlen am Firmament der Geschichte als Quelle der Inspiration und der Hoffnung für unzählige Menschen.

Die schwache Kraft, die die Welt retten wird

Wir glauben, behaupten zu können, daß Heiligkeit die Welt retten wird. Nur sie ist in der Lage, die Menschen aus freiem Willen dazu zu bewegen, Gott und den Schwestern und Brüdern zu dienen.

Wir geben uns keinen Illusionen hin. Wir sind noch fern von der Heiligkeit. Aber die Religion weist allen die Aufgabe zu, die Frauen und Männer unserer Zeit auf sie hinzuweisen und sie mehr durch Taten als durch Worte auszudrücken. Wir treten daher vor die Welt in der demütigen Haltung eines großen christlichen Heiligen, des *Apostels Paulus*, der gesagt hat: *Diesen Schatz* (des religiösen Glaubens) *tragen wir in zerbrechlichen Gefäßen; so wird deutlich, daß das Übermaß der Kraft von Gott und nicht von uns kommt* (2 Kor 4,7).

Wir unterwerfen uns also dem Urteil Gottes und der Menschen. Zu Gott sprechen wir mit den Worten, wie sie *Papst Johannes Paul II.* jungen Moslems in *Casablanca* gegenüber formulierte: *Erlaube nicht, daß wir bei der Anrufung deines Namens so weit gehen, die Unordnung unter den Menschen zu rechtfertigen*. Den Menschen wagen wir mit den Worten Jesu zu sagen: *Wir sind unter euch, nicht um uns bedienen zu lassen, sondern um zu dienen* (vgl. Mt 20,28). Wir bitten Gott, diesen Einsatz zu segnen, damit auf der Erde Gerechtigkeit und Frieden unter den Frauen und Männern aller Länder entstehen, besonders dort, wo man in diesen Tagen leidet und weint wegen der andauernden Grausamkeit der Menschen.

Ja, es komme der Friede auf die ganze Erde herab!

(Warschau 1989)

Der Glaube in der Welt von heute

Fragen an einen Mann des Glaubens

Auszug aus einem Interview des italienischen Journalisten Arrigo Levi mit Kardinal Carlo Maria Martini (Mailand) beim internationalen Friedenstreffen in Florenz 1995

Levi: Das Buch *Deuteronomium* spricht in seinen Schlußkapiteln davon, daß Gott dem Menschen die Freiheit läßt, sich zwischen Gut und Böse zu entscheiden. Meine eigene Überzeugung und mein Glaube an den Menschen wurzeln gerade in diesem Abschnitt des *Alten Testaments*, in dem Gott selbst von dieser Freiheit des Menschen spricht. Er überläßt dem Menschen sogar die Entscheidung über seine eigene Zukunft, denn dieser kann sich auch für das Böse entscheiden und seinen Atem zum Verlöschen bringen, wie es bei *Jesaja* heißt: *Denn ich klage nicht für immer an, ... Sonst müßte ihr Geist vor mir vergehen und ihr Atem, den ich erschuf.* Darin liegt für den Menschen eine ungeheure Verantwortung.
Papst Johannes Paul II. wurde in einem Interview von *Vittorio Messori* gefragt: *Stellen nicht das Leid und das Böse die Allmacht Gottes in Frage?* Seine Antwort lautete: *Ja, in einem gewissen Sinn kann man das sagen.*
Was sind Ihre Gedanken zu diesen Fragen nach der Freiheit und der Allmacht Gottes?

Martini: Zunächst möchte ich Ihnen für das Zitat aus *Deuteronomium 30* danken. Ich persönlich finde mich sehr in dieser Stelle der Bibel wieder, wenn auch nicht mit denselben Koordinaten.

Diese Worte bringen die Verantwortung zum Ausdruck, die Gott dem Menschen mit seiner Erschaffung in die Hände legt. Es findet ein Dialog statt; es ist die Freiheit da, aber auch ein Dialog mit dem, der dem Menschen diese Freiheit in die Hände legt. So scheint mir das Bild vollständig zu sein, und ich finde mich ganz darin wieder. Und in diesem Sinne bewundere auch ich das Wort des Papstes sehr, das Sie zitiert haben. Es scheint mir wirklich ein sehr schönes Wort zu sein. Im übrigen finden wir es in der Schrift wieder, wenn *Paulus* den *Philippern* sagt, daß *Christus* sich seiner Macht und seiner Privilegien entäußerte und sich erniedrigte.
Man muß sich in dieses Wort hineinbegeben, nicht, um rationale Antworten auf das Problem des Leids zu finden, sondern um dem Leid mit einer gewissen Hoffnung begegnen zu können und nicht daran zu verzweifeln. Das ist grundlegend für einen Christen: Vor allem in das Leiden Gottes einzutreten, in seine Niederlage, in seine Haltung, mit der er sich von jener Freiheit besiegen läßt, die er selbst ins Leben gerufen hat.

Levi: Sehen Sie die ungeheure Verantwortung, die Sie damit allen Menschen auferlegen?

Martini: Ja. Deshalb hatte ich zuvor gesagt, daß dieses Thema sehr fordernd ist; es kann uns nicht gleichgültig lassen. Und im übrigen ist das bedeutsamste Zeichen für den Christen – ich weiß, daß dies für andere schwer zu erfassen ist – das Kreuz, der Gekreuzigte. Darin ist die Niederlage Gottes ausgedrückt; es ist das Zeichen des besiegten Gottes, der es um der Rettung der Freiheit willen auf sich nimmt, die Konsequenzen des schlechten Gebrauchs der Freiheit am eigenen Leib zu erfah-

ren, um so die Bosheit ganz und gar verspüren zu können. Hier wird das Geheimnis eines Gottes sichtbar, der sich so sehr von der menschlichen Freiheit vereinnahmen läßt, daß er sich fast vom Bösen überfluten läßt, um damit dem Menschen einen Weg zu zeigen, wie er dem Bösen entrinnen kann.
Jene Worte des Papstes müssen also im Licht dieses Geheimnisses interpretiert werden. Hier zeigt sich, wie groß der Respekt Gottes vor dem Menschen und vor der Freiheit ist, und hier kann man etwas vom Drama der Geschichte erfassen, einer Dramatik, die bis an die Grenze des Absurden reicht, weil die Freiheit absurd werden kann, wenn sie sich gegen sich selbst richtet.
Doch es kommt hier noch etwas hinzu. Ich habe am Geheimnis des Wortes immer bewundert, wie Gott sich durch das Wort der Schrift, das Wort der Propheten mitteilt. Das Wort ist etwas, das sich an die Freiheit richtet.

Levi: Verleugnet man nicht durch diese Privilegierung des Wortes Gottes jegliche mystische Erfahrung?

Martini: Das würde ich nicht sagen, denn das Wort verweist den Menschen über sich selbst hinaus. Es ist ein erster, notwendiger Kontakt mit der Freiheit. Denn es fesselt nicht, es zermalmt nicht, es regt vielmehr an, es rüttelt auf, es treibt an, doch es läßt einem die vollkommene Freiheit. Dies macht die Dynamik der gesamten Schrift aus. Es ist ein Wort, das seine eigenen Niederlagen erzählt. Die Schrift ist voll von Erzählungen darüber, wie das Wort nicht angenommen wird, voll von Bildern der Ablehnung des Wortes. Diese Dynamik der Freiheit scheint mir tatsächlich das innerste Wesen eines Geheimnisses

zu sein, das nur in Andeutungen bezeichnet werden kann, und hierin ist die jüdische Tradition meisterhaft.
So können wir erfassen, daß dieses Geheimnis in eine bestimmte Richtung geht. Es kommt der Freiheit entgegen und respektiert und akzeptiert sie so, wie sie ist. Es bewegt sie dazu, das Gute zu wählen, wohlwissend, daß die Freiheit ihr Gegenteil und ihre Zerstörung wählen kann. Sie kann das menschliche Leben auf der Erde auslöschen. Die Technologie hat uns heute diese Möglichkeit eröffnet.

Levi: Ich möchte nun auf die Probleme der Welt von heute zu sprechen kommen. Manchmal kommt mir ein Zweifel. Ich bin alt genug, um zu wissen, was es bedeutet, daß Massen von Menschen an Armut leiden, ich glaube aber an den wirtschaftlichen Fortschritt und kenne seinen Wert. Ich glaube auch an die weltliche Ideologie, die als seine Prämisse anzusehen ist.
Manchmal aber – und hier setzt mein Zweifel an – habe ich den Eindruck, daß der Papst erhebliches Mißtrauen gegenüber einer Welt fördert, die an Säkularismus und Konsumismus krankt. Und dennoch verstehe ich nicht, wie man unterscheiden soll zwischen den weltlichen Ideologien und der Frucht, die sie hervorgebracht haben, einer Frucht, die darin besteht, daß sie einen so großen Teil der Menschheit vor Elend, Krankheit und Leid bewahrt. Welcher Art ist die richtige Beziehung zwischen Ihrem Glauben und dem Fortschritt?

Martini: Ich würde mich von dem Wort des Evangeliums inspirieren lassen: *Ihr könnt nicht beiden dienen, Gott und dem Mammon* (Mt 6,24). Man muß genau hinsehen, welchem Herrn man dient. Wir schätzen alle den wirtschaftlichen Fortschritt und seine wohltuenden Konsequenzen, es würde uns schwerfallen, hier Abstriche zu machen. Doch man kann nicht leugnen, daß der wirtschaftliche Fortschritt, wenn er zum bestimmenden Faktor des menschlichen Lebens wird, zu einem Götzen wird, zu einem Herrn, dem man dient. Von daher rühren auch die negativen Konsequenzen, die Konkurrenz, die Bereicherung, die Korruption, die Konflikte, die Kriege, das Aushungern der anderen Völker. Und dies sieht der Papst. Er geht nicht von einem rein ideologischen Ansatz aus, sondern fragt: Wie kommt es, daß es bei so viel Fortschritt so viel Hunger und immer noch so viel Ungerechtigkeit gibt, daß der Norden und der Süden der Welt so getrennt voneinander sind und daß die Reichen immer reicher und die Armen immer ärmer werden? Warum gelingt es denen, die den Fortschritt vorantreiben, nicht, ihn gleichmäßig auf alle zu verteilen?

Man sieht, wie aus dem wirtschaftlichen Fortschritt verheerende Konsequenzen hervorgehen, wenn er zum obersten Herrn wird, dem man dient. Deshalb muß eine Entscheidung getroffen werden. Wenn man der Würde des Menschen dient, einer Würde, die um jeden Preis zu retten ist, und dabei dem spirituellen und moralischen Fortschritt Vorrang gibt, dann hat auch der wirtschaftliche Fortschritt seine unverzichtbare Bedeutung. Ich bin im übrigen der Meinung, daß der Glaube für den Fortschritt sehr wichtig ist, denn er gibt ihm eine seelische Ergänzung, ohne die er nicht gedeiht, da für den wahren wirtschaftlichen Fortschritt die Einhaltung von Regeln, ein nicht zu harter Wettbewerb, Solidarität und anderes mehr erforderlich sind.

Levi: Wir sind umgeben von den Krisen dieser Jahre, von Konflikten und Terrorakten. Es gibt in einigen dieser Konflikte eine religiöse Komponente. Ich denke an den islamischen Terrorismus in *Algerien* und anderswo, aber auch an die Barbarei des Krieges im *ehemaligen Jugoslawien*, der leider eine religiöse Komponente in sich birgt, die wir für archaisch halten, die aber andererseits aus unserer Geschichte stammt.
Aber wenn im Krieg tatsächlich ein Glaubenskonflikt eine Rolle spielt, frage ich mich: Gibt es einen guten und einen schlechten Glauben, gibt es den Glauben der Liebe und den Glauben des Hasses? Und wie kann man den einen vom anderen unterscheiden?
Ich stelle mir noch eine andere Frage: Muß man zwischen Gott und Gott entscheiden, wenn doch vieles von dem Bösen, das wir um uns herum sehen oder im Laufe der Geschichte gesehen haben, auch im Namen eines religiösen Glaubens kommt oder gekommen ist?

Martini: Es ist doch erstaunlich, daß wir uns am Ende dieses Jahrtausends immer noch Fragen über die Fundamentalismen stellen und über die Feindschaften und Kriege, die sie hervorrufen können, während wir vor zehn, zwanzig oder dreißig Jahren schon dachten, dieses Stadium überwunden zu haben. Die Menschheit muß also noch weite Wege zurücklegen.
Ich würde nicht von gutem und schlechtem Glauben sprechen, sondern von Glauben, sofern damit in einem weiten Sinne gemeint ist, daß sich der menschliche Geist, die Person, einem ungeheueren und unendlichen Wert hingibt, der größer ist als er selbst, einem Wert, der ihn transzendiert, dem sich

eine Person ganz hingibt und sich anvertraut. Dieses Vertrauen, diese volle Hinwendung zum Jenseitigen haben alle großen Religionen gemeinsam. Eine phänomenologische Analyse aller großen Religionen und des religiösen Denkens zeigt, daß dieses Vertrauen mit Güte, Barmherzigkeit und Mitleid zusammenhängt – mit allem, was im Gegensatz zu Krieg und Konflikt steht.

Der Glaube, wenn man ihn in all seinen authentischen geschichtlichen Formen untersucht, führt zum Verständnis, zum Mitleiden, zur Gastfreundschaft, zur Solidarität. Die Religion dagegen ist die historisch-kulturelle, lehrmäßige und soziale Ausdrucksform des Glaubens, und in diese historischen Ausdrucksformen können ethnische Elemente einfließen, Elemente, die das eigene einer sozialen Gruppe betreffen, ihre Privilegien und Rechtfertigungen. Und so können Religionen, wenn sie sich von dieser Bindung an geschichtliche Werte vereinnahmen lassen und die ihnen zugrundeliegende, transzendente Wirklichkeit vergessen, auch zu Konfliktursachen werden.

Alle, die solche Konflikte kennen, stellen fest, daß es sich nicht um Religionskriege handelt, sondern um ethnische Kriege mit sozialem oder nationalistischem Hintergrund, in dem die Religionen eine wichtige Rolle spielen. Dies muß man eingestehen, diese offenkundige Tatsache kann man nicht leugnen. Doch mir scheint, daß es zu diesen Vorgängen kommt, wenn das religiöse Element den Elementen unterworfen wird, die mit einer Ethnie, mit bestimmten Privilegien und manchmal auch durchaus legitimen Verteidigungspositionen zusammenhängen, und so verbündet es sich mit den verschiedenen Nationalismen.

Diese Elemente sind voneinander zu trennen. Im Christentum kam man schon früh dazu, die Forderung nach der Trennung zwischen Glaube und Kirche auf der einen und der politischen Ebene auf der anderen Seite aufzustellen. Doch hat dies auch hier noch zu lange, mindestens ein Jahrtausend, gedauert. In der Antike waren die beiden Ebenen eins, und deshalb brachte die politische Gesellschaft zu ihrer Verteidigung religiöse Gründe vor. Die Unterscheidung, die für uns Christen auf das Wort *So gebt dem Kaiser, was dem Kaiser gehört und Gott, was Gott gehört* (Mt 22,21) gegründet ist, ist die Frucht einer sehr langwierigen Bemühung.
Wir bemerken, wie eine gewisse Verknüpfung zwischen beiden Ebenen immer noch nicht völlig überwunden ist, und ich glaube, wir müssen sehr aufmerksam sein, um nicht in einzelnen Situationen allzusehr von oben herab zu urteilen, statt diesen langwierigen Prozeß der Unterscheidung zwischen Kirche und Staat zu fördern. Es geht hier nicht darum, daß Glaubensrichtungen direkt im Widerspruch zueinander stehen, sondern um die Möglichkeit, daß religiöse Elemente von ethnischen und politischen Interessen vereinnahmt werden. Dieses Gebetstreffen für den Frieden entstand ja gerade, um die Überwindung all dessen zu suchen.

Levi: Ich würde nun gern von Ihnen ein Wort über den *Islam* hören. *Allah* heißt ganz einfach *Gott*, und dabei handelt es sich nicht um eine barbarische und primitive Gottheit. Ich verabscheue die leichtfertige und ignorante Gleichsetzung des *Islam* mit dem Terrorismus. Wie ist Ihre Meinung hierzu?

Martini: Diese Verallgemeinerungen sind meiner Meinung nach zerstörerisch. Sie sind ein äußerst schwerer Irrtum, denn sie führen dazu, daß die öffentliche Meinung im Westen den *Islam* mit dem *Fundamentalismus* oder gar dem *Terrorismus* verwechselt. Dieses Denken erregt die Gemüter und bewirkt, daß man eine völlig törichte Verweigerungshaltung einnimmt. Wenn es Bereiche und Personen gibt, die sich von der Furie des Terrorismus ergreifen lassen, sollte man sie isolieren, anstatt durch Globalurteile dazu beizutragen, daß diese Gruppen für größer gehalten werden als sie sind. Ich glaube, dies ist wirklich eine teuflische Falle. Wenn wir in sie geraten, sind wir es, die den Extremismus schüren.
Man müßte vielmehr verständlich machen – und hier liegt eines der Verdienste dieser Begegnung für den Frieden und der *Gemeinschaft Sant' Egidio* – wie in allen religiösen Traditionen, und insbesondere auch im *Islam*, ein Fundament für authentische, barmherzige und tolerante menschliche Beziehungen vorhanden ist, das es ermöglicht, mit unserer Wirklichkeit und unseren Traditionen in Dialog zu treten.

Levi: Diese Gedanken führen meiner Meinung nach zur Frage nach der Beziehung zwischen dem religiösen Glauben und der Wahrheit. Es scheint mir nämlich möglich, ohne große Schwierigkeiten die Wahrheiten der anderen anzuerkennen. Wie aber können religiöse Menschen, die doch alle – nicht nur die *Katholiken* – für sich davon überzeugt sind, daß sie die ganze ihnen geoffenbarte Wahrheit besitzen, mit anderen in Kommunikation treten? Mit welchen religiösen Begriffen kann man den ökumenischen und interreligiösen Dialog rechtfertigen? Ich rühme mich der Tatsache, daß der Laizismus auf der Grundlage einer unvollkommenen Wahrheit die Lehre von der Toleranz entwickelt hat. Wie kann aber jemand, der davon überzeugt ist, eine geoffenbarte Wahrheit zu besitzen, die Gegenüberstellung mit einer anderen geoffenbarten Wahrheit hinnehmen? Das ist ein Geheimnis. Ich kann das akzeptieren, doch frage ich mich, wie man das Problem auf Ihrer Seite von der Logik her löst.

Martini: Die Frage setzt voraus, daß die geoffenbarte Wahrheit gleichsam eine mathematische Wahrheit ist, die es entweder gibt oder nicht gibt, die man dem anderen entweder aufzwingt oder überhaupt nicht mitteilen kann. Dies ist aber so nicht zutreffend. Die Wahrheit, wie ich sie verstehe, ist die Öffnung auf ein Geheimnis hin, das unendlich viel größer ist als wir, sie ist ein Ahnen, ein Stammeln. Das Geheimnis des unendlich anderen ist etwas, zu dem der gute Wille eines jeden Menschen Zugang hat, wenn auch in verschiedener Form und unter verschiedenen Namen.
Hiervon ausgehend ist es dann möglich, mit jedem einen Dialog zu führen, im Vertrauen darauf, daß auch der andere sich nicht mit den Dingen zufriedengibt, die er vor sich hat, sondern darüber hinaus sucht. Hierin sehe ich die Möglichkeit und auch den Anreiz für das Gespräch miteinander.
Andererseits findet auch Ihr Gedanke vom Wert der Toleranz bei mir Zustimmung, wobei aber diese Haltung nicht dazu führen darf, daß die Welt eintönig und kommunikationslos wird. Denn das schöne ist gerade, daß man miteinander spricht, und dabei jeder versucht, etwas aus seiner Tradition einzubringen, etwas von dem, was er für schön und richtig hält. Es ist die Liebe, die einen dazu antreibt, das,

was man im Inneren hat, in aller Freiheit mitzuteilen, sowie vor allem jenes Vertrauen in etwas Geheimnisvolles, Unbeschreibbares, Jenseitiges weiterzugeben, das das eigene Leben erfüllt und sicherlich auch mit dem Leben des anderen etwas zu tun hat. Ich denke, daß auf dieser Grundlage der interreligiöse und der ökumenische Dialog, aber auch der Dialog mit einem suchenden Nichtgläubigen, möglich ist.

Es gibt eine Initiative in *Mailand*, die in diesen Tagen in ihr achtes Jahr geht, nämlich das *Gesprächsforum der Nichtgläubigen*. Dabei lade ich Gläubige und Nichtgläubige zum Gespräch ein. Die Nichtgläubigen sollen erklären, warum sie nicht glauben oder woran sie glauben. Jedesmal wenn wir diese Begegnungen, die eine geistige Übung sein wollen, beginnen, erkläre ich, daß der Sinn dieser Tage nicht in der Frage liegt, ob man glaubt oder nicht, sondern ob man nachdenkt oder nicht. Es kommt darauf an, ein denkender Mensch zu sein. Wenn man nachdenkt, führt man einen Dialog über etwas, das einem am Herzen liegt, und darin liegt ein großer Wert, denn dies fördert kulturelles Wachstum sowie den menschlichen und sozialen Fortschritt.

Ich denke also, daß der Dialog über die Werte und über den Glauben zum Fortschritt der Menschheit beiträgt und eine nützliche und notwendige Gesprächsebene darstellt. Die Welt sähe sehr traurig aus, wenn jeder aus einem berechnenden Denken heraus sich selbst und seinen Mitmenschen nur einen kleinen, vom anderen jeweils abgeschotteten Teilbereich zugestehen würde.

Levi: Nun möchte ich Ihnen zum Schluß noch eine auf die Zukunft, auf das 21. Jahrhundert und seine

Politik ausgerichtete Frage stellen. Wir leben im Zeitalter der *UNO*. Ich frage Sie: Dürfen wir hoffen, daß im 21. Jahrhundert die Vision wahr wird, daß die Menschen ihre Geschichte auf globaler und universaler Ebene beherrschen können? Die *UNO* ist ein Anfang. Noch sind wir sehr weit davon entfernt. Noch sind die Staaten, die sich abgrenzen und ihre eigenen Werte absolut setzen, die Protagonisten der Geschichte. Ich frage mich mit dem Blick auf das 21. Jahrhundert und das dritte Jahrtausend: Sind ein universaler Staat und ein universaler Friede in Zukunft möglich? Ist dies eine Utopie oder ein politisches Programm, das es zu verwirklichen gilt?

Martini: Dies wird von der Freiheit des Menschen abhängen, wie Gott sie gewollt hat. Freilich prägen die Zukunft auch die biblischen Verheißungen, die von *Jerusalem* als dem Ort sprechen, zu dem alle Völker zusammenströmen können, und vom *himmlischen Jerusalem* als dem Ort, dessen Tore Tag und Nacht geöffnet sind und in das man immer eintreten kann. Dies ist sozusagen in den Genen der Menschheit, wie Gott sie gewollt hat, festgelegt. Diese Freiheit ist für die Einheit aller Völker geschaffen; alle sollen ein einziges Volk sein. Sie ist das ausschlaggebende Gesetz in der Geschichte.
Diesem Gesetz kann man sich auf absurde Weise entgegenstellen, man kann ihm Hindernisse in den Weg legen, doch dieses Gesetz ist stärker. Der Mensch hat Anteil am Vertrauen Gottes und an der Freiheit, er weiß aber auch, daß es die menschliche Freiheit ist, die all dies ins Werk setzen muß. Der Papst wollte zurecht die *UNO* dazu anspornen, das, was in ihrer Macht steht, besser zu tun und noch darüber hinaus zu schauen, denn ohne einen Qualitätssprung wird man sicherlich nicht mehr allzu viel erreichen können.

Die Einheit des Menschengeschlechts, diese Macht über alle Teilbereiche hinaus, ist immer dringender nötig angesichts der unbegrenzten Möglichkeiten des Menschen, das zu tun, was er will. Eine verantwortliche gemeinsame Basis, die Fähigkeit aller Staaten und Nationen, sich zum Wohl der Menschheit zu verbinden, ist daher immer mehr vonnöten. Ob die Menschheit dies anerkennen wird oder nicht, können wir nicht sagen, aber es liegen alle Voraussetzungen vor, damit dies geschehen kann. Der Weg der Menschheit führt zwingend dorthin, und die Bilder der Propheten führen uns immer wieder zu dieser Vision als einer Vision der Hoffnung.

(Florenz 1995)

VI. Stimmen aus der Ökumene

Pfarrer Hans Ulrich Reitzel, Marokko,
und Pfarrerin Eva-Maria Agster, Deutschland,
beim Entzünden der Friedensflamme
Mailand 1993

Eugene L. Brand

Eine neue Ökumene in Solidarität

Hier in *Assisi* versammelt zu sein und für den Frieden zu beten ist ein Ausdruck christlicher Jüngerschaft und eine wichtige Antwort auf die Bedürfnisse unserer Welt. Durch ihre Bindung an den Glauben sind Christen dazu verpflichtet, gemeinsam mit den Angehörigen anderer religiöser Gemeinschaften, ja mit allen Menschen guten Willens, allen *Freunden Gottes*, für den Frieden Gottes zu kämpfen, den Gott für die ganze Menschheit gewollt hat.

Aus der Sicht christlicher Theologie muß die Kirche selbst in all dies mit einbezogen werden; es kann nicht einfach als Sache des einzelnen betrachtet werden. Und dies aus dem einfachen, aber oft ignorierten Grund, daß die Kirche als Zeichen für das Reich Gottes eingesetzt wurde. So wie dieses Reich Gottes in den einzigartigen Bildern des Buches der Offenbarung beschrieben wird, ist der Friede eine seiner wichtigsten Eigenschaften.

So hat die Kirche eine Rolle, die die prophetische Tradition des Alten Testamentes fortsetzt, und die Parallelen in den Schriften anderer Religionen hat. Die Kirche ist als Zeichen für Gottes Friedenswillen eingesetzt.

Das internationale lutherisch-römisch-katholische Dialogdokument *Kirche und Rechtfertigung* (1994) stellt den Zusammenhang folgendermaßen her:

Gemeinsam sehen Lutheraner und Katholiken die Kirche als Anbruch und Werkzeug des Reiches Gottes. Zweierlei soll festgehalten werden: einerseits die Wirklichkeit der Kräfte des Gottesreiches besonders in den Mitteln des Heils, der Verkündigung des Wor-

tes Gottes und der Feier der Sakramente, aber auch in der versöhnten Gemeinschaft der Schwestern und Brüder als Ort des Heils ...

An anderer Stelle stellt das Dokument fest:

Unser Auftrag muß von Jesu Sicht tief geprägt sein. ›Denn auch der Menschensohn ist nicht gekommen, um sich dienen zu lassen, sondern um zu dienen und sein Leben hinzugeben als Lösegeld für viele‹ (Mk 10,45). In der Nachfolge dessen, der in Knechtsgestalt (vgl. Phil 2,7) zum Mittler jener Gnade wurde, die wir empfangen haben, sind wir zu einer Haltung und einem praktischen Handeln aufgerufen, die ihm entsprechen. Im Gehorsam gegen den, der den Willen des Schöpfers für die Welt bejahte, haben wir zu deren Bewahrung und Wohlfahrt beizutragen. So sind wir als Christen und als Gemeinschaften Werkzeuge Gottes im Dienst der Barmherzigkeit und Gerechtigkeit in der Welt...

Der Beitrag, den Christen in allen Bereichen des gesellschaftlichen Lebens – in Politik, Erziehung und Bildung, Gesundheitswesen, Wissenschaft, Kultur und Massenmedien – leisten, soll wie Hefe im Teig wirken. Von Kompetenz und Hingabe bestimmtes Handeln auf diesen Gebieten ist ein wesentlicher Bestandteil des Auftrags, den die Christen zu erfüllen haben, damit der zerstörerischen Flut des Bösen Einhalt geboten und menschenwürdiges, gottesfürchtiges Leben gefördert wird.

In den letzten Jahrzehnten wurde es selbstverständlich, daß die Kirchen bereit waren, wann und wo auch immer möglich, für den Frieden zu arbeiten und sogar gemeinsam für den Frieden zu beten.

Die Tatsache, daß jede Uneinigkeit den Wert der Kirche als Zeichen schmälert, dürfen wir nicht als selbstverständlich hinnehmen. Positiv formuliert bedeutet dies, daß man dem Willen Gottes für die

Kirche als Zeichen und Werkzeug des Friedens nur gehorchen kann, wenn man auch seinem Willen zur Einheit der Kirche gehorcht.
Daher ist ein Round-table-Gespräch zum Thema Ökumene in diesen Tagen kein überflüssiger Luxus, sondern es berührt genau den Kern unseres Zeugnisses für den Frieden.
Es ist selbstverständlich der Heilige Geist, der die Kirche zum Zeichen für das Gottesreich macht und der die Menschen befähigt, sie als solches zu erkennen. Doch menschlicher Stolz und Arroganz können das Wirken des Heiligen Geistes behindern, besonders wenn die Einheit der Kirche betroffen ist. Ein vereintes Zeugnis für den Willen Gottes zum Frieden, das sich in einer vereinten christlichen Gemeinschaft widerspiegeln würde, würde einer heute häufig ausgesprochenen Schlußfolgerung den Boden entziehen, die lautet: *Wie kann das Zeugnis der Kirchen für Gottes Willen ernst genommen werden, wenn die Kirchen nicht einmal untereinander im Frieden leben?*

Solidarität

Zunächst möchte ich zum Ausdruck bringen, wie sehr ich es schätze, daß dieses Treffen hier in *Assisi* stattfindet, und der *Gemeinschaft Sant' Egidio* danken, daß sie uns zusammengerufen hat.
Ich werde versuchen, das Thema dieses Round-table-Gesprächs genauer auszulegen und zu erläutern, und will mit dem am Ende stehenden Begriff *Solidarität* beginnen.
Was bedeutet der Ausdruck *Kirchen in Solidarität*? Meint dies gemäß einer Lexikondefinition ein Handeln der Kirchen in Übereinstimmung oder völliger

Einheit in ihren Meinungen, Zielsetzungen und Interessen? Damit wäre die Solidarität ein anderer Ausdruck für Einheit. Doch man würde kaum das Thema *Eine neue Ökumene in Einheit* formulieren, denn wenn die Kirchen bereits in *Einheit* leben würden, gäbe es wenig Bedarf nach Ökumene. So würde ich *Solidarität* eher im Sinn von *Communio* oder *Koinonia* verstehen, wobei diese Begriffe nicht ohne Beziehung zur Einheit sind.

Nach der *Fünften Weltkonferenz der Bewegung für Glauben und Kirchenverfassung 1993 in Santiago de Compostela* kann es kaum mehr Zweifel an der Zentralität der *Communio* in der ökumenischen Diskussion geben.

In einer Erklärung des *Lutherischen Instituts für Ökumenische Forschung in Straßburg* über *Krise und Herausforderung der ökumenischen Bewegung* (1994) heißt es:

Vor allem die Einheitserklärungen der Vollversammlungen des ÖRK in Neu-Delhi (1961), in Nairobi (1975) und in Canberra (1991) sind solche Marksteine und Integritätsvergewisserungen der ökumenischen Bewegung. ... Das erste was sie sagen, ist ebenso kurz wie grundlegend: die Einheit, die Christus den Seinen schenkt und zu der er sie zugleich aufruft, ist eine völlig verpflichtete Gemeinschaft. ... Schon damals war das Wort Gemeinschaft ausdrücklich im Sinne des neutestamentlichen Begriffes Koinonia gebraucht worden. ... Koinonia ist völlige Verpflichtung: völlige Verpflichtung gegenüber dem Herrn und darum auch der Seinen untereinander. Sie kann zwar aus den Anfängen heraus und über Stufen hinweg heranwachsen. Aber sie will voll verwirklicht werden.

Das biblische Konzept der *Koinonia* verleiht dem Begriff *Solidarität* sowohl theologische Tiefe als auch Präzision. Aber es qualifiziert auch – wie es meiner Meinung nach unser Thema beabsichtigt – die ökumenische Arbeit in der notwendigen Art und Weise, indem diese verankert wird im aktuellen Leben der Kirche und ihrer Sendung. Das lutherisch-römisch-katholische Dokument *Einheit vor uns* (1985) sprach von einem *integralen Prozeß* kirchlicher Gemeinschaft:

a) Gemeinschaft im Bekenntnis des einen apostolischen Glaubens (Glaubensgemeinschaft),

b) Gemeinschaft im sakramentalen Leben (Sakramentsgemeinschaft) und

c) Gemeinschaft als strukturierte Gemeinschaft, ... *in der gemeinsames Leben, gemeinsame Entscheidungen und gemeinsames Handeln ermöglicht und gewährleistet werden* (Dienstgemeinschaft).

Durch die theologischen und biblischen Bestrebungen, die zum bilateralen und multilateralen ökumenischen Dialog gehören, sind wir, wie bereits erwähnt, beim zentralen Thema der *Koinonia* angekommen. Wir sind an einem Punkt angelangt, an dem wir Kirchengemeinschaft sowohl als Realität als auch als Aufgabe betrachten. *Communio* – miteinander eins sein, weil wir in Christus sind – ist ein grundlegendes Merkmal der Gemeinschaft der Getauften. Es gibt ja bereits Gemeinschaft unter den Kirchen, weil es eine Gemeinschaft der Getauften gibt, die weit größer ist als jede einzelne Kirche. Doch diese bereits existierende Gemeinschaft strebt nach *vollkommener Verwirklichung*. Dies wird natürlich erst im Eschaton geschehen, doch das entbindet uns nicht von der Verpflichtung, danach zu streben, diese vollkommene Verwirklichung soweit als möglich in der heutigen Kirche herbeizuführen.

Ganz im Widerspruch dazu ist dieses Streben in ökumenischen Kreisen zu oft auf die Lösung dogmatischer Kontroversen und die Ausarbeitung von Einheitsmodellen begrenzt worden.

Wenn jedoch *Communio völlig verpflichtete Gemeinschaft* bedeutet, darf diese Verpflichtung nicht fehlen oder untätig bleiben, bis die Gemeinschaft vollkommen verwirklicht ist. Was wir als das Wesen des Eschatons bekennen, muß unseren Glauben und unser Leben hier und heute leiten.

Kommen wir zum Thema dieses Friedenstreffens, so heißt Solidarität, Verpflichtung bei der Wahrnehmung des kirchlichen Auftrags, das kommende Reich Gottes zu bezeugen und nach Frieden und Harmonie in Gottes ganzer Schöpfung zu streben. Hier geht es nicht um eine Aufgabe, die sich einander ökumenisch verpflichtete Kirchen aussuchen können. Das bilaterale Gespräch hat sich als Weg für die Kirchen erwiesen, einander kennenzulernen und zu vertrauen. Da jedoch der Dialog mit Beziehungen in Christus – mit Verpflichtung – zu tun hat, muß er zu gemeinsamem Handeln und Dienst führen.

Lutheraner und *Katholiken* setzen sich gemeinsam für den Frieden in *Mittelamerika* ein. Zusammen mit den *Anglikanern* haben sie auf die Befreiung *Namibias* hingearbeitet. Die Abteilung für Weltdienst des *Lutherischen Weltbundes*, unser internationales Instrument für Katastrophen- und Flüchtlingshilfe, arbeitet ständig mit anderen christlichen Organisationen zusammen. Diese Bemühungen sind nicht der Zuckerguß auf dem ökumenischen Kuchen, dessen eigentliche Zutaten Glauben und Kirchenverfassung sind, sondern sie gehören wesentlich zu einer christlichen Gemeinschaft, einer *Communio* von Kirchen. Sie können nicht warten, bis die volle

Gemeinschaft erreicht ist, nicht nur weil sie in Notfällen müssen, sondern weil durch Warten das in Abrede gestellt würde, was wesentlich für die Gemeinschaft in Christus ist. Solidarität im Zusammenhang mit Gerechtigkeit und Frieden ist jetzt unentbehrlich.

Eine andere Weise, *völlig verpflichtete Gemeinschaft* auszudrücken, sind Abkommen zwischen Diözesen verschiedener Kirchen in der gleichen Region. In den *USA* sind solche Vereinbarungen zwischen lutheranischen Synoden und katholischen Diözesen immer gebräuchlicher, und oft schließen sie auch anglikanische Diözesen mit ein. Durch diese Abkommen werden die Ortskirchen verpflichtet, in der jeweiligen Region gemeinsam Zeugnis abzulegen und gemeinsam Dienst zu leisten, und dies aus der gemeinsamen Verpflichtung zur Einheit heraus. Die jüngsten anglikanisch-lutherischen Vereinbarungen, die volle Kirchengemeinschaft herstellen sollen, zeigen ohne Ausnahme Wege auf, die eine *völlig verpflichtete Gemeinschaft* in der Interimszeit vor der vollen Kirchengemeinschaft ermöglichen, z.B. die Erklärungen von *Niagara, Meissen* und *Porvoo*.

Die zentrale Bedeutung des Konzepts der *Koinonia* macht uns bewußt, wie Kirchen gerade vor der vollen Verwirklichung der Einheit zusammenarbeiten und Zeugnis ablegen müssen. Bestenfalls haben, wie die schon zitierten Dokumente des Weltkirchenrats zeigen, die Diskussionen über die Einheit immer Überlegungen zu gemeinsamem Handeln während des Einigungsprozesses beinhaltet. Indem man die Frage der Einheit im Sinne des Konzepts der *Koinonia* betrachtet, werden die Diskussionen über die Einheit davor bewahrt, sich nur auf einen fernen Punkt in der Zukunft zu beziehen und gleichzeitig das zu übersehen, was das Evangelium von uns immer verlangt.

Neue Ökumene

Am Konzept der *völlig verpflichteten Gemeinschaft* zu arbeiten und die Sprache der *Koinonia* zu benutzen kann aber auch ablenken von unserer Verpflichtung, uns für die sichtbare Einheit einzusetzen, die das erklärte Ziel des lutherisch-orthodoxen wie des lutherisch-katholischen Dialogs ist. In dem Dokument *Krise und Herausforderung der ökumenischen Bewegung* findet sich folgender Abschnitt:
Ist Koinonia, völlig verpflichtete Gemeinschaft, das ökumenische Ziel, dann muß die neue ökumenische Bewegung alle Tendenzen zurückweisen, sich mit einer Vorform oder irgendeiner erreichten Stufe der Einheit zu begnügen.
Die Verwendung des Adjektivs *neu* im Zusammenhang mit Ökumene erfüllt mich etwas mit Sorge. Ich frage mich, was damit gemeint ist, und warum eine *neue* Ökumene benötigt wird.
Viele fordern eine neue Richtung in der ökumenischen Bewegung. *Prof. Konrad Raiser*, der *Generalsekretär des Ökumenischen Rates der Kirchen*, spricht von einem Paradigmenwechsel in der ökumenischen Bewegung. Der Ökumeniker *Michael Kinnamon* stellte in einer Predigt in diesem Jahr fest, daß die historischen Kirchen die ökumenische Bewegung domestiziert haben und sie so ihrer verändernden Kraft beraubt haben. Immer noch ist zu hören, daß wir uns im ökumenischen Winter befinden. Sogar die für die Ökumene Engagierten fordern eine *neue* oder *erneuerte* Ökumene.
In seinem Festschriftartikel *Non-Theological Factors and Structures of Unity* stellt der lutherische Ökumeniker *George Lindbeck* fest, die Ökumene sei ein Opfer ihres eigenen Erfolges.

Sie habe größtenteils bereits ein gutes Maß an Zusammenarbeit zwischen Kirchen und gegenseitige Anerkennung auf der persönlichen Ebene erreicht. Darüber hinaus, so *Lindbeck*, bestehe aber offensichtlich ein Mangel an Interesse für Ökumene unter den Christen im allgemeinen. Es gebe nur eine relativ kleine Gruppe von Theologen, die an der sichtbaren Einheit interessiert sei und bleibe.

So besteht die Gefahr, daß eine *neue* Ökumene sich mit Kirchen zufriedengibt, die gemeinsam die Probleme der Menschheit angehen und stillschweigend das Ziel der sichtbaren Einheit aufgeben.

Die Straßburger Studie jedoch warnt, dies würde bedeuten, weit vor dem, was *Koinonia* als völlig verpflichtete Gemeinschaft von Christen und den Kirchen fordert, haltzumachen.

Das würde natürlich Christi Willen zur Einheit in der Kirche und das wiederholte paulinische Wort von dem *einen* (vgl. Eph 4,5), die biblische Grundlage für die Aussage im Glaubensbekenntnis von der *einen, heiligen, katholischen und apostolischen Kirche* preisgeben. Wir können und dürfen nicht hinter dem Ziel der sichtbaren Einheit zurückbleiben, nicht weil dies *Lindbecks* relativ kleine Gruppe von Theologen in Aufregung bringen würde, sondern weil dies sowohl Ungehorsam gegenüber dem göttlichen Willen als auch die Preisgabe unserer eigenen Glaubenstradition bedeuten würde.

Lindbeck verlangt eine größere Konzentration auf die spirituelle Dimension der Ökumene und meint damit genau das gleiche wie die *Groupe des Dombes*, die die Bekehrung der Kirchen fordert (1991). Das Straßburger Dokument ruft zu einem Ökumenismus der Pilgerschaft auf. All diese Forderungen haben gemeinsam, daß *Koinonia* – in ihrem wahren Sinn und nicht nur im Blick auf bessere Zusammenarbeit – nicht vor dem Ziel der sichtbaren Einheit der Kirche stehenbleiben darf.

Mit nur wenig Vorstellungskraft können wir sehen, wie das Evangelium vom kommenden Reich, das eine als Einheit verstandene und empfundene Kirche verkündet und lebt, sehr viel überzeugender wäre, als es im gegenwärtigen Stand der Uneinigkeit möglich ist.

Ob wir es nun alt oder neu nennen, das ökumenische Ziel muß die sichtbare Einheit der Kirche Christi bleiben, um dieser Kirche und besonders um der Welt willen. In der Zwischenzeit aber ist keine Mühe zu scheuen, um tatsächlich als *völlig verpflichtete Gemeinschaft* zu handeln.

(Assisi 1994)

Seraphim Joantă

Die orthodoxe Kirche heute und die Ökumene

Im Namen der *Rumänischen Orthodoxen Kirche* und ihres Patriarchen möchte ich vor allem der *Gemeinschaft Sant' Egidio* meine Verehrung aussprechen. Seit langer Zeit bin ich ihr Freund aufgrund ihrer außerordentlichen Arbeit für die Ökumene und die Förderung des Friedens in der Welt. Diese Gemeinschaft besteht aus einer Handvoll Frauen und Männer, die vom Glauben belebt sind und deren Stimme für Frieden und Versöhnung unter den Menschen aller Religionen seit Jahren kraftvoll in der ganzen Welt ertönt. Ich sehe, wie sich hier die Prophetie des Herrn selbst erfüllt, der vom Berge versetzenden Glauben spricht.

Ja, der Glaube versetzt Berge, er läßt die Berge der Sünde und der Fehler einstürzen und schafft neu, denn er verwandelt uns unaufhörlich zum Abbild des Gottes der Liebe und des Friedens und macht uns ihm ähnlich. Doch der Glaube kann sich auch ins Gegenteil verkehren und zum Götzenbild und zu einer menschlichen Macht werden, zu einem Berg von Uneinsichtigkeit und Intoleranz.

Ich war sehr beeindruckt, als ich die Rede des portugiesischen Präsidenten hörte, der betonte, daß die Gründung des *Ökumenischen Rates der Kirchen* im Jahr 1948 das größte Ereignis unseres Jahrhunderts gewesen sei. Dieses Jahrhundert ist sicherlich das blutigste der gesamten Geschichte. Es ist gezeichnet von Totalitarismus, Faschismus und Kommunismus und von daraus resultierenden Kriegen, es kennt aber auch die Überwindung der Teilung Europas in zwei feindliche Blöcke. Wenige wissen, daß die orthodoxe Kirche mit der Stimme des Patriarchen von *Konstantinopel* die erste war, die im Jahr 1922 eine Enzyklika an alle christlichen Kirchen und Konfessionen gerichtet hat, in der sie fordert, daß alle sich gegenseitig annähern sollen mit dem Ziel der Einheit und des Friedens in der Welt. Ich möchte hier bezeugen, daß dieser Geist der Versöhnung besonders lebendig ist in den orthodoxen Kirchen, nicht zuletzt in der Rumänischen Orthodoxen Kirche, die eine der aktivsten im Ökumenischen Rat der Kirchen ist.

In ihrer Geschichte hat die orthodoxe Kirche nie Religionskriege gekannt oder Proselytenmacherei unter anderen christlichen Konfessionen betrieben, denn sie hat einen tiefen Sinn für die menschliche Freiheit und den Respekt vor der Person. Dieser Sinn rührt von ihrer Sensibilität für die Gegenwart und das Wirken des Heiligen Geistes her, der der Geist der Freiheit und der Einheit unter den Menschen ist, so verschieden die Gaben und Charismen auch sein mögen.

Umgekehrt hat die orthodoxe Kirche in ihrer Geschichte allerdings den Proselytismus kennengelernt, nämlich den, den andere Konfessionen unter den orthodoxen Gläubigen betrieben haben. Dies hat die orthodoxe Kirche immer dazu veranlaßt, sich eher defensiv zu verhalten und vorsichtig zu sein im Dialog mit jenen Konfessionen, bei denen sie einen Widerspruch zwischen den offiziellen Positionen und der tatsächlichen Praxis feststellen muß.

Deshalb erweckt die Orthodoxie manchmal den Eindruck, starr und wenig offen für den Dialog zu sein. Dies trifft jedoch absolut nicht zu. Der orthodoxe Geist ist von seiner Existenz her offen für den Dialog, offen für andere. Freilich darf auch nicht verschwiegen werden, wie sehr die Orthodoxie auf die Reinheit des apostolischen Glaubens und der Tradition Wert legt, denn nach orthodoxer Auffassung kann sich die christliche Einheit nur in der Wahrheit und nicht im Kompromiß verwirklichen. Wir sind uns bewußt, daß die Wahrheit nicht eine Charakteristik nur der Orthodoxen oder dieser oder jener Konfession ist, denn die Wahrheit ist Gott selbst. Wir besitzen die Wahrheit nicht, doch wir nähern uns der Wahrheit und verkünden die Wahrheit. So können wir nicht behaupten, daß wir die Wahrheit hätten, ich kann nur sagen, daß ich nach der Wahrheit strebe.

Ich bin ein neuer Bischof der orthodoxen Kirche in *Rumänien*. Ich habe den Moment der rumänischen Revolution erlebt, die einzigartig unter allen Befreiungsbewegungen in den Ländern des Ostens war. Diese Revolution in Rumänien war im Grunde eine spirituelle Revolution. Die Leute, vor allem die Jugendlichen, sind mit Kerzen in den Händen auf die Straße gegangen und haben neben Slogans gegen das totalitäre kommunistische Regime gerufen: *Vater unser* oder *Gott ist mit uns*. Dies ist ein Ausdruck der Kraft des Glaubens, der die ganze kommunistische Zeit hindurch überliefert wurde und bis zu uns gelangt ist. Im Moment der rumänischen Revolution ging dieser Glaube voran und hat wirklich dieses Volk befreit. Wenn junge Menschen Worte gerufen haben, die wirklich prophetisch waren, wie: *Wir werden sterben, und wir werden frei sein*, dann sind dies Worte, die getragen wurden von einem Glauben, der vielleicht nicht mehr explizit, aber um so tiefer war, ein Glaube, der durch die Tradition der Väter und Vorfahren überliefert worden ist.

Nach der Revolution bin ich zum Bischof gewählt worden und hatte vor allem Kontakt zur Jugend. Als ich in den Universitäten, den Gymnasien und über-

all, wo Jugendliche zusammenkamen, vom christlichen Glauben sprach, habe ich erfahren, daß diese Jugendlichen die Spaltung der Christenheit nicht verstehen und auch nicht verstehen wollen. Es gelang mir nicht, zu erklären, warum es so viele christliche Konfessionen in der Welt gibt, ich konnte mich nicht verständlich machen. Doch sehe ich gerade dies als Zeichen einer großen Hoffnung für die Kirche, insofern diese Jugend eine andere, eine neue Art hat, den christlichen Glauben, den Glauben an Gott zu sehen und zu verstehen. Dieser Glaube ist es, der die Menschen vereinen und bessern kann und Frieden stiftet.
Ich bin hier, um zu bezeugen, was in den Ländern des Ostens heute geschieht. In diesen Ländern, die in jeder Hinsicht und vor allem in bezug auf den Glauben so gelitten haben, wirkt der christliche Glaube und ist seine Erneuerung im Gang.
Sicher gibt es, wie wir alle wissen, manches, was nicht sein sollte und was zu bedauern ist. Noch immer gibt es Menschen, die im Namen der Religion die Trennungen und die Kriege untereinander aufrechterhalten wollen. Doch dies ist nicht zu verallgemeinern und ist nicht der Weg der Zukunft. Die Zukunft gehört mit Sicherheit jenen jungen Menschen, die Rumänien und die anderen Länder vom kommunistischen Totalitarismus befreit haben. Diese Jugendlichen sind für die praktische Ökumene, sie sind für die Einheit des Glaubens.

(Assisi 1994)

Marco Gnavi

Die Pentarchie – Zeichen der Einheit

Dieser Beitrag ist aus dem Bewußtsein heraus entstanden, zu einer Generation von Christen zu gehören, die in einem vom *Zweiten Vatikanischen Konzil* bestimmten Klima herangewachsen ist, und die sich aus diesem Reichtum heraus verpflichtet fühlt, Mitverantwortung zu übernehmen, weil sie ein wertvolles Gut und Erbe besitzt, für das viele sich gemüht haben. Der *Ökumenische Patriarch Athenagoras* sprach einmal mit *Olivier Clement* in Erinnerung an seine ersten Studienjahre in *Halki* und bezog sich dabei in einer Metapher auf *Wagners Parsifal*: *Da der Ökumenismus die größte Realität des 20. Jahrhunderts ist, ist er im Grunde nichts anderes als die Suche nach dem heiligen Gral, dem Kelch, an dem wir alle unseren Durst mit dem Blut Gottes stillen können.* Und mit Bedauern fügte er hinzu: *Es waren diese Bücher, die mich aufgeweckt haben. Denn unsere Professoren sprachen zu uns nie davon, was in den anderen Kirchen Gutes sein könnte. Sie sprachen zu uns nur von den Unterschieden, den Häresien, von dem, was entgegensteht und nicht von dem, was eint. Es war eine Lehre der Angst.* Die heute noch sehr aktuelle Stimme dieses großen Zeugen erinnert uns an eine Zeit der Spannungen und Distanzen, die nun sehr fern erscheint, überholt von der tiefgreifenden Entwicklung der letzten Jahrzehnte. Und doch werden wir durch die Ergebnisse dieser Entwicklung und die veränderten historischen Bedingungen, innerhalb derer wir heute die Einheit suchen, von neuem dazu aufgerufen, über unsere Verantwortung nachzudenken. Dabei geht es um die Verantwortung angesichts der paradoxen

Situation der Kirchen, die einander nie so nahe waren wie heute und doch noch so weit von dem Ziel der vollen Einheit entfernt sind.

Der Wunsch Papst Johannes Pauls II. nach Einheit an der Schwelle des dritten Jahrtausends

Papst Johannes Paul II. hat beim Gebet des Kreuzwegs am Karfreitag 1994 im Kolosseum den Imperativ des Evangeliums in bezug auf die Einheit unter den Christen hervorgehoben und in diesem Zusammenhang von der beschwörenden Kraft des Kreuzes gesprochen. *Ne evacuetur crux – dies ist der Ruf am Ende des 20. Jahrhunderts. Es ist der Ruf Roms, der Ruf Moskaus, der Ruf Konstantinopels.* Die Worte des Papstes erinnern an den Wert der Einheit unter den Christen durch ihr Zeugnis bis hin zum Blutvergießen. Es gibt eine tiefe Einheit durch das Zeugnis und die heilige Lehre der Märtyrer, die uns heute dazu drängt, uns in dieser Zeit des Übergangs der Herausforderung der Einheit der Kirche zu stellen, die allein dem Gebet des Herrn *ut unum sint* unmittelbar vor seinem Tod am Kreuz entspricht. Angesichts des spirituellen Vakuums des Säkularismus und der Erfordernisse einer neuen Evangelisation wandte sich der *Heilige Vater* mit den folgenden Worten an den *Ökumenischen Patriarchen Bartholomäus I.*: *Ich möchte diesem meinem Bruder aus Konstantinopel und all meinen geliebten Brüdern des Orients sagen, daß wir in diesen Märtyrern vereint sind, von Rom her, vom Berg der Kreuze in Kalvarija (Litauen) bis zu den Solowezkij-Inseln und vielen anderen Orten der Vernichtung. Wir sind vereint durch die Märtyrer. Wir können nicht uneins sein. Wir können nicht anders als die gleiche Wahrheit über das Kreuz zu sagen.*

Der Weg des Dialogs

Die Suche nach Einheit hat seit dem *Zweiten Vatikanischen Konzil* bis heute hochbedeutende Momente erlebt und ist dabei dem Geist und dem Buchstaben des Dekrets *Unitatis redintegratio* gefolgt. Dabei hat sich ein theologischer Dialog entwickelt, der bis zum gemeinsamen Gebet des Glaubensbekenntnisses durch den *Papst* und den *Patriarchen Dimitrios* im Dezember 1987 geführt hat. Zahlreich sind die Orte und Gelegenheiten, bei denen der Dialog der Wahrheit fortgeführt wurde und uns dem nähergebracht hat, was uns das Konzil im genannten Dekret als das Wesen der Einheit beschreibt, nämlich als Einheit *im Bekenntnis des einen Glaubens, in der gemeinsamen Feier des Gottesdienstes und in der brüderlichen Einheit der Familie Gottes.*

Neue Schwierigkeiten und ihre Überwindung in der Liebe

Die epochalen Veränderungen der letzten Jahre brachten entsprechend folgenreiche Konsequenzen mit sich. *Osteuropa* erlangte die Freiheit wieder, und gleichzeitig fanden Millionen von Christen, die vorher ein hartes Leben unter Zwängen hatten führen müssen, erneut zum Glauben. Über den rein theologischen Dialog hinaus verspürt man immer deutlicher die Notwendigkeit eines *Dialogs der Liebe*, der es möglich macht, die neuen Probleme gemeinsam anzugehen. Zu den alten Problemen sind neue Fragen und Probleme hinzugekommen, die uns voneinander trennen und Unverständnis und Konflikte erzeugen und am Ende sogar den Geist des

Krieges nähren. So gibt es Probleme, die die Kirchen untereinander lösen müssen, aber auch konkrete Probleme der Welt, angesichts derer die Kirchen gemeinsam Antwort geben müssen. Wie das *Direktorium zur Ausführung der Prinzipien und Normen über den Ökumenismus* darlegt, müssen diejenigen, *die im Geiste leben, ›sich von der Liebe verwandeln lassen, die um der Einheit willen, alles erträgt, alles glaubt, alles hofft, allem standhält‹.* Das Öl der Liebe macht uns fähig, uns von neuem gemeinsam auf den Weg zu machen, hin zu einer immer vollkommeneren Einheit.

Einheit in der Mission

Heute können neue Energien frei werden, die uns zum dritten Jahrtausend führen und die Trennungen überwinden können. Die Aufforderung, die schon die Enzyklika *Redemptor hominis* aussprach, ist so aktuell wie nie zuvor: *In dieser Einheit in der Mission, die Christus selbst begründet hat, müssen alle Christen das entdecken, was sie schon verbindet, noch bevor sich ihre volle Kommunion verwirklicht.* Diese Aussage des *Heiligen Vaters* wiederholt, was schon das *Konzil* in *Unitatis redintegratio* sagt: *Vor der ganzen Welt sollen alle Christen ihren Glauben an den einen, dreifaltigen Gott, an den menschgewordenen Sohn Gottes, unseren Erlöser und Herrn, bekennen und in gemeinsamem Bemühen in gegenseitiger Achtung Zeugnis geben für unsere Hoffnung, die nicht zuschanden wird. Durch die Zusammenarbeit der Christen kommt die Verbundenheit, in der sie schon untereinander vereinigt sind, lebendig zum Ausdruck, und das Antlitz Christi, des Gottesknechtes, tritt in hellerem Licht zutage.*

Kommunion des Dialogs und der Solidarität

Gibt es nicht schon heute einen Vorrat an Einheit, den man offenlegen und aus dem man mit mehr Mut schöpfen sollte? Drängen uns die Worte des *Heiligen Vaters* nicht dazu, unter den Christen Neues zu verwirklichen? Sollten wir nicht von neuem nach Zeichen suchen, die uns – auch wenn sie vielen Schwierigkeiten ausgesetzt sind – im gemeinsamen Zeugnis stützen? Ich denke beispielsweise an die *altorientalischen Kirchen*, an den Besuch des syrisch-orthodoxen *Patriarchen Zakka I. Iwas* sowie an den des äthiopischen *Patriarchen Abuna Paulos* vor einiger Zeit in *Rom*. Wie wir als Kirchen leben, entspricht noch nicht vollständig der Einheit, die wir eigentlich schon besitzen.

In welche Richtung und mit welchen Schritten sollen wir uns gemeinsam mit den Schwesterkirchen bewegen? Kann das dritte Jahrtausend das Jahrtausend der Einheit sein? Wir müssen mutiger in eine neue Phase der *Kommunion des Dialogs und der Solidarität* treten, die alle Probleme unter den Kirchen in der Welt umfaßt. In der Kommunion verfügen wir bereits über ein gemeinsames Erbe.

Es geht darum, die Wurzeln der Berufung der Kirche selbst wiederzufinden, gemäß dem Wort des Apostels: *Ich, der ich um des Herrn willen im Gefängnis bin, ermahne euch, ein Leben zu führen, das des Rufes würdig ist, der an euch erging. Seid demütig, friedfertig und geduldig, ertragt einander in Liebe, und bemüht euch, die Einheit des Geistes zu wahren durch den Frieden, der euch zusammenhält.* (Eph 4, 1–3).

Marco Gnavi

Die Pentarchie als Zeichen der Einheit im ersten Jahrtausend

Das zweite Jahrtausend hat die Spaltungen erlebt, die uns zuerst von der *Kirche des Ostens* und danach von den *Kirchen der Reformation* und der *anglikanischen Kirche* getrennt haben. Das nächste Jahrtausend kann nicht weiter ein Jahrtausend der Trennung sein.

Auf der Suche nach der Einheit müssen wir von neuem von dem Reichtum der ungeteilten Kirche des ersten Jahrtausends ausgehen. Es hat uns durch die Konzilien die Grundlagen unseres Glaubens gegeben, das Wort Gottes, das in der Jungfrau Maria Fleisch geworden ist, die Heilige Dreifaltigkeit. In ihm wurden neue Völker im Osten und im Westen evangelisiert. An seinem Ende ereignete sich die Taufe der alten *Rus*.

Jene Einheit des ersten Jahrtausends kam auch in der *Pentarchie* zum Ausdruck. Dieser Begriff bezeichnet den Bischof von *Rom*, gemeinsam mit den vier Patriarchen von *Konstantinopel, Alexandrien, Antiochien* und *Jerusalem* die wichtigsten Vorsteher der damaligen *oikumene*. Die Form der Pentarchie und ihre Bedeutung für die ganze Christenheit kristallisierte sich immer deutlicher heraus auf dem *Konzil von Nicäa 325* (in Bezug auf *Rom, Alexandrien* und *Antiochien*), auf dem *Ersten Konzil von Konstantinopel 381* (über *Konstantinopel*, das *»neue Rom«*) und beim *Konzil von Ephesus 431* (in Bezug auf *Jerusalem*) und schließlich auf dem *Konzil von Trullo 692*.

Die Einheit innerhalb der Pentarchie, der Patriarchatssitze, ist bekanntlich zerbrochen. Jedoch könnte gerade von der Pentarchie ein sichtbares Zeichen der Einheit ausgehen durch einen neuen Weg der Kommunion im Dialog und in der Solidarität. Dies scheint notwendig, denn unsere Zeit wartet auf eine neue Ära, in der wir als Zeitgenossen der ungeteilten Kirche von neuem *ein Herz und eine Seele* sein können.

An der Schwelle zum dritten Jahrtausend könnte die Pentarchie von neuem eine Übergangsfunktion einnehmen und zur Einheit der Kirchen des Ostens und des Westens aufrufen. *Zu denken wäre an eine Versammlung des Bischofs von Rom gemeinsam mit den Patriarchen von Konstantinopel, Alexandria, Antiochien und Jerusalem.*

Diese Versammlung könnte auch für den Rat und die brüderliche Teilnahme der Oberhäupter der anderen Kirchen offen sein, wenn diese es wünschen. Wie sollte man hier nicht zum Beispiel an die *russisch-orthodoxe Kirche* denken, die auf so fruchtbare Weise die slawischen Gebiete evangelisiert hat und deren Leben und spirituelle Tradition einen Reichtum für die gesamte Christenheit darstellen?

Die Pentarchie könnte so eine Übergangsfunktion für den Ruf zur Einheit ausüben. Ihr könnten sich dann um das Jahr 2000 allmählich die Schwesterkirchen im Rahmen des Möglichen anschließen. Die Wiederbelebung der Pentarchie würde in der Tat nicht bedeuten, daß damit die anderen Kirchen ausgeschlossen wären. Sie würde vielmehr bedeuten, von neuem einen gemeinsamen Weg der Einheit zu beginnen.

Auf dem Weg zur Einheit, für eine Übergangszeit und in der Erwartung der Einbeziehung der anderen Kirchen, könnte die Pentarchie so von neuem ein Ort der Kommunion im Dialog und in der Solidarität werden. Die *Kirche Roms* könnte gemeinsam mit den *Kirchen von Konstantinopel, Alexandrien, Antiochien und Jerusalem* in der brüderlichen Versammlung ihrer heiligen Oberhäupter ihr altes Selbstverständnis wiederfinden und in den Dienst der Kommunion stellen, die es zu erweitern gilt.

Die altorientalischen nicht-chalzedonensischen Kirchen

Neben den *orthodoxen Kirchen* sind auch die *altorientalischen nicht-chalzedonensischen Kirchen* zu nennen. Es ist bekannt, wie sich in den Jahrhunderten neben den orthodoxen Patriarchaten die alten Kirchen des Orients entwickelt haben. In besonderer Weise haben heute das *koptische Patriarchat von Alexandrien* und das *syrische Patriarchat von Antiochien* mit der *katholischen* und der *orthodoxen Kirche* einen Dialog vollzogen, der den gemeinsamen christologischen Glauben mit Klarheit herausgestellt hat. Diese alten Patriarchate teilen die Schwierigkeiten und Hoffnungen eines Christentums, das oft in einem muslimischen Milieu lebt. Sie sind Wächter der evangelischen Verkündigung und stellen einen Reichtum und eine Garantie für eine wirkliche Kohabitation dar. In Anbetracht der Herausforderung zu einer pastoralen Solidarität vor dem Hintergrund der Säkularisierung und der Begegnung mit anderen Religionen sollten sie deshalb in die Kommunion und den Dialog mit einbezogen werden. Ihre Stimme und ihr Rat würden dabei eine Bereicherung darstellen.

Auf dem Weg nach Jerusalem

Eine ideale Entwicklung wäre es, wenn die Versammlung der Vertreter der Pentarchie eine Etappe auf dem Weg zu einer weiteren Begegnung darstellen würde – einer Begegnung im Jahr 2000 in *Jerusalem*, an der Schwelle zwischen dem zweiten und dem dritten Jahrtausend, mit allen Oberhäuptern der Kirchen des Orients und des Okzidents, die dies wünschen. So könnten die Wunden der ersten Spaltung der christlichen Welt gelindert werden, und in *Jerusalem* und *Betlehem* könnte eine gemeinsame Versammlung am Beginn einer neuen Ära stehen, um dem Übergang von der Zeit der Trennung hin zur Zeit der Einheit sichtbar Ausdruck zu verleihen. Und diese Begegnung könnte sich regelmäßig wiederholen. Im Jahr 2000 in *Jerusalem*, an der Wurzel des Geheimnisses der Kirche, könnten wir die *katholische Einheit des Gottesvolkes, die den allumfassenden Frieden bezeichnet und fördert* (*Lumen Gentium*), sichtbar machen.

Ich denke nicht, daß dieser Vorschlag bedeuten würde, sich vor den Widersprüchen der Realität zurückzuziehen, sondern daß sich damit ein Weg auftut, der unserer tiefsten Berufung als Christen folgt. Eine realistische Sicht der bestehenden Schwierigkeiten kann Resignation und Abstumpfung hervorrufen. Und doch existiert auch ein Realismus der Hoffnung, der im Leben der Kirche seine Wurzeln hat. Er kann viel bewirken und ruft uns alle zur Mitverantwortung.

Die Zeit, liebe Brüder und Schwestern, ist kurz, und die Völker können nicht mehr warten. Das Ende dieses Jahrtausends konfrontiert uns mit der Frage nach der Einheit der Kirche. Für Gott ist die Zeit gekommen, und es ist an uns, sie in Demut anzunehmen.

(Assisi 1994)

Schlußkundgebung Florenz 1995

Autorenverzeichnis

Mohammed Habib Belkhodja, Generalsekretär der Akademie für Islamisches Recht in Djidda

Eugene L. Brand, assistierender Generalsekretär des Lutherischen Weltbundes für ökumenische Angelegenheiten

Ignatz Bubis, Vorsitzender des Zentralrates der Juden in Deutschland

Edward Cassidy, Kardinal, Präsident des Päpstlichen Rates für die Einheit der Christen

Albert Franz, ordentlicher Professor für Systematische Theologie (kath.) an der TU Dresden

Marco Gnavi, Stellvertretender Präsident der Gemeinschaft Sant' Egidio, Rom, verantwortlich für ökumenische Angelegenheiten

Michail Gorbatschow, Präsident der Gorbatschow-Stiftung

Serafim Joantă, Metropolit der Rumänischen Orthodoxen Kirche von Deutschland und Zentraleuropa

Zakka I. Iwas, Patriarch der syrisch-orthodoxen Kirche von Antiochien

Hanns Kerner, Kirchenrat, Ökumenereferent der Evangelisch-Lutherischen Kirche in Bayern

Israel Meir Lau, Oberrabbiner von Israel

Arrigo Levi, Journalist, ehemaliger Direktor der Zeitung »La Stampa« in Turin

Carlo Maria Martini, Kardinal, Erzbischof von Mailand

Shoten Minegishi, Internationale buddhistische Soto Zen-Vereinigung

Robert G. Mugabe, Präsident der Republik Simbabwe

Vinko Puljić, Kardinal, Erzbischof von Vhrbosna-Sarajewo
Alberto Quattrucci, Generalsekretär der Vereinigung »Incontri Internazionali Uomini e Religioni«
Andrea Riccardi, Gründer der Gemeinschaft Sant' Egidio, ordentlicher Professor für Geschichte des Christentums an der Universität La Terza in Rom
Pietro Rossano, Weihbischof von Rom und Rektor der päpstlichen Lateranuniversität (1991†)
Jakub Selimovski, ehemaliger Reis-al-Ulema für Sarajewo und die Moslems in Bosnien
Mario Soares, ehemaliger Präsident der Republik Portugal
Lavrentije Trifunovic, Bischof der Serbischen Orthodoxen Kirche von Sabac-Valievo
Knud Wumpelmann, ehemaliger Präsident des Baptistischen Weltbundes